제시의 일기

정리한 이 김현주는 이화여자대학교 교육심리학과 졸업 후, TV 교양 프로와 어린이 프로그램 구성 작가로 일했다. 2000년 미국으로 건너가 두 아이를 키우며 실리콘밸리 한국학교 교사, 교감, 교장으로 재직했으며 KEMS-TV의 다큐멘터리 작가로 일했다. 현재는 프리몬트통합교육구의 교육위원으로 지역 공립학교 교육을 위해 일하고 있다.

제시의 일기

1판 1쇄 발행 2019년 2월 28일
1판 2쇄 발행 2020년 2월 28일
1판 3쇄 발행 2024년 6월 30일

지은이 | 양우조·최선화
정 리 | 김현주
펴낸이 | 한소원
펴낸곳 | 우리나비

등록 | 2013년 10월 25일(제387-2013-000056호)
주소 | 경기도 부천시 작동로 3번길 17
전화 | 070-8879-7093 **팩스** | 02-6455-0384
이메일 | michel61@naver.com

ISBN 979-11-86843-35-2 03910
★ 책값은 뒤표지에 있습니다.

이 도서의 국립중앙도서관 출판예정도서목록(CIP)은 서지정보유통지원시스템 홈페이지(http://seoji.nl.go.kr)와 국가자료종합목록시스템(http://www.nl.go.kr/kolisnet)에서 이용하실 수 있습니다. (CIP제어번호: CIP2019005209)

어느 독립운동가 부부의 육아일기

제시의 일기

양우조·최선화 지음 | 김현주 정리

우리나비

2018년 11월 9일, 미국 캘리포니아, 서니베일

　도산 안창호 선생님이 돌아가신 지 80년이 되었다. 오늘은 실리콘밸리 흥사단 단원들이 함께 모여 캘리포니아 주 의회에서 제정한 첫 '도산 안창호의 날'을 축하하고 있다. 도산 안창호 선생님의 생신을 기리며 미국에서는 드물게 외국인 지도자의 이름을 따서 만든 기념일이다. 도산 선생님을 기억하는 오늘, 할아버지께서 평생 스승으로 삼고 존경하시던 도산 선생님의 기념일을 나는 마음 벅차게 보내고 있다. 할아버지와 할머니, 두 분을 그리며....

- 제시의 딸, 김현주

1. 중국, 그 대륙을 떠도는 부평초가 되어
(1938년 7월 4일 – 1939년 4월 30일)

2. 그래도 희망을 가슴에 품고
(1939년 5월 3일 - 1940년 11월 12일)

3. 제2의 고향, 중경
(1940년 11월 13일 - 1943년 1월 31일)

4. 그대를 그리며
(2018년 7월)

5. 계속되는 시련과 아픔
(1943년 2월 3일 – 1945년 8월 9일)

6. 소원은 이뤄졌지만....
(1945년 8월 10일 – 1946년 4월 29일)

백 년 전의 그대를 만나다

누구에게나 자신의 인생을 그려 가며 떠올리고 닮고 싶은 타인의 인생이 있다. 나에게는 이십여 년 전 새로 만난 할아버지, 할머니의 삶이 있다. 결혼이란 인생의 큰 전환점을 돌고 나서 얼마 지나지 않아 첫아이를 임신한 무렵이었다. 모든 것이 늘 정확하고, 준비되어 있어야 하는 할머니는 내 인생의 대부분의 시간을 함께했지만, 가까운 만큼 이해하기 위해 노력해야 하는 시간이 많이 있었다. 임신 소식을 전한 지 얼마 지나지 않아 할머니는 내게 낡은 일기장을 내미셨다. 처음 보는 일기장이었다. 한번 읽어 보라고 주신 그 속에는 일찍 돌아가신 할아버지와 누구보다 잘 안다고 생각했던 할머니의 젊은 시절이 담겨 있었다. 첫 아이를 낳은 젊은 엄마의 모습이었다. 일기 속 두 분의 중국 생활에는 국사 교과서에서 본 낯익은 이름들이 등장하고 있었다. 그분들은 할아버지, 할머니의 동지였고, 이웃이었고, 가족이었다.

그렇게 나는 내 첫아이와의 만남을 준비하면서 할아버지와 만났다.

일기를 한 자 한 자 눌러 쓰며 날짜와 그 옆에 머물고 있는 장소를 꼭 적으셨던 할아버지와 할머니, 간간이 찍은 흑백 가족사진을 붙여 놓기도 하셨다. 일기는 오십 년이 넘는 세월 동안 매년 좀약을 바꿔 넣어 가며 손상되지 않도록 보관, 관리했던 할머니의 정성으로 그 긴 시간을 버텨 왔다. 일기 속에 담겨 있는 할아버지, 할머니와 임시 정부 요인분들의 생생한 삶의 이야기가 내 인생을 참 많이 바꿔 놓았다. 다음 세대를 위해 본인들의 삶을 희생했던 그분들의 삶이 참 가슴에 와 닿았다. 오늘을 살면서도 오늘이 아닌 내일을 생각하고 이를 위해 행동하는 비전에 감탄했다.

나는 일기를 읽으며 그분들의 이야기를, 대가족 식솔처럼 희로애락을 함께했던 임시 정부 요인과 그 가족들의 삶을 세상에 알려야 한다는 사명감이 들었다. 그때 그곳에서 내일을 알 수 없는 삶 속에서 함께 희망을 만들며 살아 나간 그분들의 삶의 이야기를 출판하기로 했다. 나는 옛 문체를 현대어로 바꾸고, 이해가 안 되는 부분은 할머니께 여쭤 보며 임신 기간 내내 일기와 함께했다. 일기 중간중간에 할머니와의 대화를 통해 들은 이야기와 당시의 단상을 추가했다.

아기를 낳고, 백일이 좀 넘은 무렵 드디어 일기를 출판할 수 있었다. 1999년 5월이었다. 일기장 맨 앞에 적혀 있던 글귀를 제목으로 했다. 책 제목은 〈제시의 일기〉였다.

일기를 출판한 후, 그다음 해에 나는 엔지니어인 남편을 따라 미국으로 건너왔다. 떠날 때는 이렇게 오래 살게 될 줄은 몰랐다. 그 사이 둘째 아이가 태어났고, 할머니께서는 2003년 93세의 나이로 돌아가셨다. 일기 속 주인공 제시인 내 어머니는 2010년 지병으로 돌아가셨다. 할머니와 어머니를 가슴에 묻는 시간들 속에서 〈제시의 일기〉는 늘 내 마음속에 있었다.

할머니(최선화)와 엄마(제시)와 함께

그사이 일기는 간간이 다큐멘터리의 소재가 되기도 하고 역사학자들의 논문 소재가 되기도 하며 잊혀진 듯 이어져 오다가 2016년, 〈제시 이야기〉라는 제목의 그래픽 노블로 다시 세상에 나왔다. 시각적으로 펼쳐진 일기 속 이야기들은 더 많은 사람들에게 특별한 의미로 다가간 듯하다.

원작인 〈제시의 일기〉를 읽고 싶다는 요청들이 모여 나는 다시 세상에 그 일기장을 펼치려 한다. 이 책이 다시 나올 수 있도록 격려해 주고 도와준 내 남편과 가족들, 그리고 이모님께 깊은 감사의 마음을 전한다. 그리고, 〈제시 이야기〉에 이어 세상에 이 〈제시의 일기〉를 다시 펼칠 수 있도록 도와준 '우리나비 출판사'의 한소원 대표님께도 진심으로 감사드린다.

사진으로만 볼 수 있는 할아버지, 할머니, 그리고 엄마가 오늘따라 참 많이 보고 싶다.

1999년, 60년 전의 일기를 펼치며

구십을 바라보는 나의 할머니는 조간신문에서부터 시작하여 라디오와 텔레비전에 나오는 모든 뉴스를 빠짐없이 보신다. 내가 기억하는 한 늘 한결같으셨으니 적어도 이십 년이 넘는 습관이시다. 가끔씩 본 것을 또 보고 들은 것을 또 들으신다고 핀잔을 드리기도 하지만, 늘 당신은 가장 중요한 하루의 일과처럼 빠지지 않고 되풀이하고 있다. 그 중에서도 일기 예보는 빠뜨리지 않는 메뉴다. 혹시 뉴스라도 놓치시는 날에는 전화기를 들고 131을 눌러 일기 예보를 확인하신다. 그리고 매번 자식과 손주들에게 알려 주시는 그 모습은 어린 시절부터 나에게 의아하게 생각되었다. '하루를 경영하는 데 날씨가 그렇게도 중요할까?' 하고 말이다. 하지만 이제는 할머니를 이해할 수 있다. 공습과 공습이 이어지던 1940년대 초 할머니의 삶이 그려졌던 중국 상황에서 하루하루 날씨는 그날의 공습 여부를 결정하는 절대적인 것이었고, 생명이 달린 일이었으며, 모든 계획이 그날의 날씨에 따라 결정 지어졌다. 날씨를 확인한 후에야 하루가 시작되던 할머니의 젊은 날의 습관은 60여 년이 지난 뒤 세대와 세대가 바뀐 오늘에까지 이어져 오는 것이었다. 낡은 일기가 내게 가져온 작은 깨달음의 일부였다.

　돌아가신 할아버지에 대한 기억은 내게 이 일기와 일기가 들어 있었던 유물 가방뿐이었다. 낡은 물건 하나하나를 살펴본 후에 느꼈던 할아버지는 섬세하고 다정한 분이셨다. 세세하게 적어 놓은 일기와 수첩 속의 필적들. 그러나 그 험난한 시대에 힘든 삶을 스스로 선택했던 할아버지의 일생은 결코 온화하다고만은 볼 수 없는 것으로, 옳다고 생각한 일에 투철하게 자신을 던지고 살았던 시간들이었다. 미국 유학 시절 알래스카 탄광에서 일하다가 찢기셨다는 비뚤어진 오른쪽 손가락을 자식들에게 보여 주시면서 절대 미국인들 밑에서 그릇닦이는 하지 않았다고 당당하게 말씀하셨고 타국에서의 긴 여행 같았던 삶을 끝내고 고국에 돌아온 후에는 어쩌다 영양 보충을 위해 집에서 불고기라도 구우려 하면 못 먹는 사람이 많은데 어떻게 냄새를 피우며 고기를 굽느냐며 못 하게 만류하셨던 분이었다. 자신을 존중하고, 남을 배려할 줄 알았고, 너와 내가 함께 사는 지혜를 알고 계셨던 분이었다. 할아버지는 자신의 삶을 일기장 한 권과 함께 남기셨다. 하지만 이 손녀의 삶에 그것은 단지 할아버지의 흔적으로서가 아닌 글로 옮길 수 없는 감동과 삶에 대한 용기와 지혜가 되었다.

　끊임없이 소원하고 노력하던 삶의 전선에서 한 발 물러선 노장의 몸으로 건강하게 살아가시는 할머니. 시대의 유산으로 물려주고 만 남북의 분단을 가슴 아파하시며 가셨다는 할아버지. 자꾸 잊혀져 가는 모든 이의 할아버지와 할머니를 생각하면서 나는 이 일기를 옮기기 시작했다. 그리고 이 책을 내어놓는 지금, 맨 처음 내가 이 오래된 일기장의 마지막 장을 덮었을 때 느꼈던 그 느낌처럼 누군가 이 책을 덮는 순

간, 언제 어디서고 어떤 상황에 직면하든 해낼 수 있다는 의지와 내일
에 대한 희망이 있었던 삶을, 그리고 그 자식과 자식을 이어 가며 핏속
에 흐르고 있는 그 의지와 희망을 떠올릴 수 있기를 바랄 뿐이다.

돌아가신 할아버지를 생각하며

김현주

이 책은 임시 정부에서 활동한 독립운동가 부부가 쓴 일기이다. 양우조(호 소벽)와 최선화가 그들이다. 이들은 1938년 7월부터 1946년 4월까지 일기를 썼다. 이 시기는 중일전쟁의 전란 속에서 임시 정부가 중국 대륙 각지로 이동해 다니며 고난의 행군을 하였던, 그리고 중경에 정착하여 활동하다가 해방을 맞아 귀국하는 시기이다.

양우조와 최선화, 이들은 임시 정부 내에서도 보기 드문 지식인 부부였다. 양우조는 당시 개화의 물결을 타고 미국에 유학하여 방직 공학을 공부한 전도유망한 청년이었다. 1930년 상해로 망명, 독립운동에 참여하기 시작한 이래 임시 정부가 환국할 때까지, 그는 임시 의정원 의원을 비롯하여 한국독립당(중앙상무위원)과 임시 정부(생계부 차장)에서 주요 간부로 활동하며 임시 정부 내의 각종 영문서를 비롯, 문서 작성에 관여하였다. 1933년, 그는 손문의 〈삼민주의〉를 번역하는데, 이는 우리나라 최초의 번역으로, 당시 대부분의 독립운동가들이 조국의 독립만을 바라보고 활동했던 것에 비해, 광복 후 민족국가 건설의 문제까지 그 필요성을 느끼고 준비했던 당시의 독립운동가들 중에서는 보기 드문 정치적 안목과 식견을 가지고 있던 인물이었다고 볼 수 있다.

최선화는 이화여전 영문과 출신의 신여성이었다. 당시로서는 대단한 용기로 결혼을 약속한 양우조를 찾아 홀로 중국 땅으로 건너간 후

평소 주례를 잘 서지 않는 것으로 유명한 김구 선생의 주례로 결혼식을 올리고 부부가 되었다. 이들은 임시 정부의 가족이었고, 이들 부부의 삶은 임시 정부와 함께 엮어졌다. 그녀는 한국독립당 당원으로, 중경에서는 부녀자 50여 명으로 한국애국부인회를 재건하여 활동하기도 했다.

이들 부부는 1938년 7월 4일 호남성 장사에서 맏딸 제시(濟始)를 얻었고, 이를 계기로 일기를 쓰기 시작하였다. 이후 이들의 일기는 1946년 4월 29일 부산항에 도착할 때까지 계속되었다. 일기의 주인공은 제시였고, 제시가 성장하는 모습과 가족의 생활이 중심을 이루고 있다. 일종의 육아 일기이자 가족사라고 할 수 있다. 당시의 생활은 이 일기에서도 알 수 있듯이 가족과 교포들끼리의 정을 바탕으로 이어졌다.

이 책은 역사적으로도 중요한 의미가 있다. 이 일기가 쓰여졌던 중일전쟁하의 임시 정부에 관해서는 오늘날에 남겨진 자료가 극히 드문데, 이 기록들은 임시 정부가 일본 공군기의 공습을 받으며 장사·광주·유주·기강을 거쳐 중경으로 이동한 과정과 실상을 알려 주는 유일한 일기라는 점에서 더욱 그렇다. 그리고 더욱 중요한 것은 일기 속에 독립운동가들이 살았던 모습과 그들의 인간적인 냄새가 물씬 배어 있다는 점이다. 그 점이 이 책을 손에서 떼기 어렵게 만든다.

단국대 인문과학대학 역사학과 교수
한시준

그가 그녀를 만났을 때....

일기 속 젊은 남편의 이름은 '양명진', 일명 '양묵'으로 불렸고 호는 '소벽'이었다. 훗날 귀국 후, 우조(宇朝)라는 이름을 갖게 되기까지 그가 가진 여러 가지 이름은 일제 시대에서 해방으로 이어지는 암흑의 시대에 그의 평범치 않았던 활동을 말해 주고 있다.

1897년에 태어난 그는 1915년 친구 세 명과 함께 중국으로 향한다. 더 큰 세계를 보겠다는 꿈을 가졌던 그에게 상해의 교포 사회는 미국행 배편과 함께 그곳에 사는 교포의 주소를 알려 준다.

결국 단신으로 미국에 간 그는 신대륙 미국에 도착하긴 했지만, 가진 것이 아무것도 없었다. 언어도, 생활비도 그의 손에 쥐어진 건 없었다. 19세의 나이에 미국 인디애나 주 사우스밴드에서 초등학교 과정부터 다시 시작한 그는 항구에서 노동일을 하기도 하고, 겨울 방학에는 알래스카 탄광에서, 여름 방학엔 하와이 사탕수수밭에서 일하며 학비를 벌기 위해 험한 일을 찾아다녀야 했다. 어린 학생들과 함께 중학교를 거쳐 빠른 속도로 미국인들의 학제를 하나씩 거쳐 나가던 그는 어느 날 인생의 전환점이 되는 만남을 갖게 된다.

한국에 다녀온 미국 선교사의 강연을 우연한 기회에 듣게 된 것이다. 미국인들에겐 이름조차도 낯선 나라 조선을 설명하기 위해 지도에서 일본을 보여 주고 그 옆의 작은 나라라고 설명하자, 조금씩 고개를 끄덕이는 이가 몇몇 생긴, 그의 고국은 미국인들에게 그저 가난하고 헐벗은 사람들이 살고 있는 숨어 있는 나라였다. 강연회장에서 접한 고국의 소식은 설렘에 부풀었던 젊은이를 낙담시키기에 충분했고 그뿐 아니라, 조국 동포들에 대한 너무도 비참한 이야기를 듣고 난 젊은이는 가슴 아픈 동포애를 갖게 된다. 무엇보다 옷 하나도 제대로 없어 헐벗은 채 살아간다는 동포들을 위해 젊은이는 내 손으로 동포들을 입혀 보자는 꿈을 갖고 '방직공학'을 공부하기로 결심한다.

도미(渡美) 이후, 계속해 온 재미한국유학생회와 그의 가치관에 큰 영향을 주었던 흥사단 활동(단번호 199)을 통해 알게 된 동료 유학생들과 그는 조국의 모습에 대한 의논을 거듭한 끝에 고국에 큰 규모의 방

당시 국내에서 사용하던 조선은행 발행 1원짜리 지폐

19

조국에 돌아가기 직전 친구들과 함께(1946년 상하이)

직 회사를 만들어서 각지에 지점을 만들고, 온 국민을 입히겠다는 꿈을 세우며 친구 '최희송'에게 면방직 공부를 권하고, 당신은 마방직을, 친구 '오정수'에게는 공장을 가동시킬 전기학을, '오천석'에게는 교육학을 권하여 공장 운영은 물론, 직원 자녀들을 교육시킬 것까지 생각하게 된다. 머나먼 타향이지만, 나라를 위해 공부하고 나라를 위해 헌신해 보겠다는 젊은이들의 의욕이 뭉친 것이다.

1926년, 그는 계획한 대로 매사추세츠 주 뉴베드퍼드 공과대학과 1928년 폴리버 공과대학을 졸업하게 된다. 1916년, 샌프란시스코 항구에 도착한 이래 십여 년 만에 그의 손에 쥐어진 졸업장이었다.*

전국적인 방직 공장의 가동을 꿈꾸며 그는 자금을 모으기 위해 대학

---

*1999년 출판본에는 할아버지께서 MIT(Massachusetts Institute of Technology)에서 2년간 수학하신 것으로 설명했으나, MIT 등록처에 알아본 결과 공식적인 학생 기록에서는 할아버지의 기록을 확인할 수 없는 관계로 재출판본에서는 포함하지 않는다.

졸업 후 무역업에 손을 댔다. 그리고 큰돈을 벌기도 했다. 이제는 꿈을 이루기 위해 준비가 됐다는 희망에 부풀었던 젊은이들은 마침내 조국행 배를 타게 된다. 그 돈을 가지고 부산항으로 들어오게 된 그는 사전에 전국 각지에 인맥을 동원해 공장 부지를 찾기 위한 조사를 했던 것이 일본 경찰에 발각되고 독립운동을 하러 왔다는 의심을 사게 되어부산 지역을 벗어날 수 없도록 철저한 감시를 받게 되었다. 그리고 설상가상으로 그는 장티푸스에 걸려 이러지도 저러지도 못하고 투병 생활을 하던 중, 계획을 변경하기로 한다.

'산업을 일으키기 위해서, 헐벗은 동포들을 먹고 입히기 위해서 우선 독립을 해야 한다!'

꿈을 이루기 위해서 우선적으로 나라의 독립을 떠올리게 된 그는 1929년, 일본 경찰의 감시하에서 은밀히 그를 미국으로 보내 줬던 중국 상하이로 돌아온다. 조국의 산업 부흥을 꿈꾸었던 젊은이가 이제 본격적인 독립운동가로서 변신을 시도한 것이다.

상해로 돌아온 그는 재상해 한국독립당 창당 발기인의 하나로, 동시에 임시 정부의 중국 화남 및 남양 군도 시찰 특파원으로 파견된다. 파견단장으로 권국모, 이석, 박영호 등과 함께 화남, 남양 등지에서

1934년 광주에서

임시 정부의 활로를 개척하고자 남양 영국령이었던 보르네오 정부와 원만한 교섭 아래 남하하다가 지역 정치 상황의 급변으로 중지하고, 중국 광동성 광주시에 도착하게 된다. 중국 화남 지방의 중심지인 그곳에서 그는 중국 정부 요인과 협의하여 적극 후원을 얻어 옴으로써 국내외의 유망한 청년들이 중국 군관학교와 대학교에서 수학하도록 주선하게 된다. 그 결과, 당시에만 한국 유학생의 수가 수백 명에 이르렀다고 한다.

1930년에는 중국 화남 지역 한국유학생회 지도 고문으로 임명된 그는 중국 광동성 정부의 '건설청 공업관리위원회 위원'으로 위촉되어 생계를 이어 가면서, '혁신사'란 출판사를 만들어 주필로 활약한다. 현대 정치 관련 사상서를 번역하고 출판하며 직접 저서를 집필하기도 한다. 그 과정에서 국내에서 1년여 간 노력하여 구한 우리 국문 활자, 도

흥사단 깃발을 들고(1933)

합 일천팔백 자 중 실용자수 불과 천여 자를 가지고 외국인에게 부탁하여 인쇄하며 어려움을 많이 겪으면서도 월간지〈韓聲(한성)〉과 서적 등을 발행하여 본국과 중미 각국 한교들에게 개별 배포한다. 그 와중에서 서적들이 국내에 배포된 경로를 조사하던 일경에게 발각되어 본국에서 한글 활자를 구해 보내던 그의 조카와 친형제가 체포되어 악형을 당하기도 한다. 〈파시스트란 무엇인가〉와 〈민족주의와 기타주의〉, 역서인 〈삼민주의〉와 〈손문학설〉 등 우리나라의 독립 쟁취를 위해 알아야 할 서구 사상집들을 번역하고 정리하면서 한편으로는 임시 정부의 의정원 의원으로, 또 임시 정부 재무부 화남 특파원으로 임시 정부의 자금을 모으고, 그와 같이 유학을 꿈꾸는 젊은이들을 지원하여 외국으로 보내는 업무를 맡아 하던 그는 일기 속의 또 다른 주인공이자 필자인 부인 최선화를 만나게 된다.

임시 정부 요원이요, 독립운동가 남편을 맞이했던 부인의 이름은 최

그(양우조)가 번역했던 〈삼민주의〉와 〈손문학설〉

이화여전 시절의 최선화

선화. 힘든 외국 생활도 그녀에겐 새로운 도전이요, 그리 심한 고생이라 생각되지 않았다.

1911년생으로 정의여자보통학교, 이화여전 영문과를 졸업한 그녀는 졸업 후, 모교에서 교편을 잡던 신여성이었다. 학교 선배이자 이화여전 가사과 창립자인 '김합라 교수'의 소개로 서울에 잠깐 들른 소벽(당시의 이름)과 만남을

가진 이후, 중국에 들어간 그와 편지를 통해 계속 사귀던 그녀는 결혼을 결심하고 중국으로 들어가게 된다. 당시 소벽은 독립운동가임을 감추기 위해 '이춘삼'이라는 가짜 중국인 증명서를 갖고 다니며 중국인 행세를 할 만큼 신분 위장을 위해 고전분투하고 있던 때라 그들의 만남은 물론, 결혼을 결심한 그녀에게도 위험이 기다리고 있다는 것은 뻔한 일이었다.

우선 그녀는 중국으로 들어가기 위해 상해에 있는 상해간호전문학교로부터 정식으로 입학 허가서를 받는다. 유학을 간다는 명분으로 그 당시 일제의 지배하에서 식민지 백성의 통제를 위해 발급이 자유롭지 못했던 '통행증'을 어렵지 않게 손에 넣게 된다.

1936년 중국에 간 그녀는 반년 만에 학교를 그만둔다. 간호전문학교

는 중국에 입국하기 위한 수단이었기에 그리 미련도 많지 않았다. 그리고 그 이듬해 진강(절강성) 임정청사에서 김구 선생을 주례로 임시정부 식구들만을 초대한 단출한 결혼식을 올린다. 당시 중국인 '이춘삼'으로 행세하던 '양소벽(후의 이름, 양우조)'과 결혼한 것이다.

일경의 감시하에서 좀더 자유롭게 독립운동을 하기 위해 여러 이름을 쓰고 있는 그였다. 누구에게나 그러하겠지만, 그녀에게도 결혼은 다가올 미래에 대한 선택이기도 했다. 그녀가 선택한 것은 오직 신념 하나로 눈앞의 보장받은 성공을 불확실한 미래와 맞바꾼 부드럽고 말수 적은 유학파 지식인이었다.

급변하는 정세로 뒤숭숭한 임정이었지만, 그래도 미국 유학생답게 영어로 초대장도 찍었고, 조촐한 피로연도 열었다.

결혼식 후, 그녀는 남편 소벽이 활동하고 있는 광주로 가서 살림을

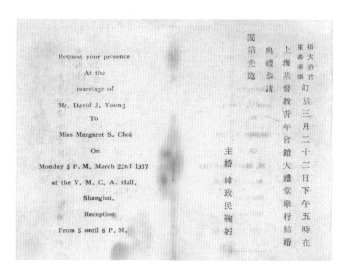

결혼 청첩장 (당시 결혼식을 끝내고 국내외의 친지들에게 결혼 사실을 알리기 위해 만든 것으로, 신랑 신부의 영어 이름이 적혀 있으며 장소가 상하이로 적혀 있다.)

결혼식장에서 (1937. 3. 22)

광주에서 신혼 시절을 보내던 양우조, 최선화 부부

시작하게 된다.

늘 중국에 있는 조선인의 거동을 감시해 오던 일본 정부는 그녀가 자퇴 소식과 함께 행방이 묘연해지자 그녀를 찾아 나서게 되고, 일제 하의 조국에서 망명하여 애국 활동을 한다는 소문이 퍼지며 고향의 친정 동생이 대신 감옥에 들어가는 수모도 겪게 된다.

가족과의 소식도 끊긴 채, 다른 사고방식과 환경 속에서 외로웠던 그녀의 생활 속에서도 즐거움이 있었다면, 당시 중국 사회에 만연한 개화된 신문화를 접할 수 있다는 것이었다.

그 후 그녀는 발달된 큰 대륙, 중국에서 남편과 함께 임시 정부의 안과 밖에서 동고동락을 함께하는 임정 식구가 되어 활동하게 된다. 1943년에는 중국의 한인교포 부녀자들을 모아 활동했던 한국애국부인회 준비 위원으로, 또 총무로 활동하기도 했다.

일기가 시작될 즈음인 1937년에 양소벽은 임시 정부 재무부 차장에 임명된다. 그의 아내 최선화는 '최소정'이라는 이름으로 광주에서 남편과 함께 생활하다가 첫딸을 출산하게 된다. 광주에서의 신접살림을 접고 임시 정부가 중일전쟁으로 인해 피난 보따리를 풀었던 도시 장사로 막 합류한 이후였다. 이후, 이들 부부는 임시 정부 요인과 그 가족의 하나로서 중국 동남부 지방을 떠도는 생활을 시작하게 된다.

부인의 나이 스물여덟, 남편의 나이 마흔둘. 중일전쟁으로 화염의 연기가 자욱한 중국 땅에서였다.

十時에 리 천주교당 외원（ ）에
看 意太利 天主教堂 医院 ）
수녀（修女） 간호원 간 4감, 불러서 수녀
임호하（ 호護下 ）에서 손산 하엿는
初産児 ）가 九파운드4 넘을 뿐 더러
건강하여 산우 二三시간 부터는

（時間）

（漢醫路）

（軍）

（空襲）으로

（敵機）이

）을 다하엿 나 를 모르는 어린 이
또을 뽑아였다.

濟姶의 日記

1

중국,
그 대륙을 떠도는
부평초가 되어

濟始의 日記

일기 원본 사진
(이 일기는 대한민국 임시 정부가 중국에서 피난 다니던 당시, 할아버지 양우조, 할머니 최선화가 번갈아 가며 쓴 일상의 기록으로, 본문 중에 굵은 글씨로 된 부분이 할머니가 쓰신 것이다.)

아기 제시의 탄생

1938년 7월 4일, 중국 호남성 장사*

제시가 내게 온 것은 바로 오늘, 음력으로 6월 7일 아침이다. 정확히 말해서, 아침 열 시 정각이었다.

내 조국으로부터 멀리 떨어진 이곳에서 나는 내 딸을 가슴에 안았다.

'상해'에서 시작된 임시 정부는 1937년, 중일전쟁이 일어나고 점차 정세가 중국에 불리해지자 중국 정부가 자리하던 남경 근처의 '진강'으로, 얼마 후 다시 지금의 '장사'로 자리를 옮겼다.

삼백여 명의 임시 정부 식솔들이 목선을 타고 중국 대륙의 동쪽 '진강'에서 동정호를 거쳐 '장사'에 도착했던 것은 작년 12월의 일이었다. 그리고 광주에 파견되어 있던 나와 처는 이곳, 장사에서 합류했다.

그리고 중국 호남성 장사시 북문 밖의 장춘항에 위치한 이태리 천주교당 의원에서 제시는 이태리 의사 한 사람, 이태리 수녀 간호사 한 사람, 불란서 수녀 간호사들의 도움을 받아 태어났다. 순산이었다.

---

* **장사**: 중국에서 가장 큰 호수인 동정호에서 남쪽으로 약 200킬로미터 떨어져 있는 도시로, 호남성의 수도이기도 하다.

아내가 임신한 지 306일 만의 일이었다. 배 속을 빠져나온 아기의 체중은 9파운드(약 4킬로그램)가 넘을뿐더러 비상하게 건강하여 배 속을 나온 지 두세 시간 후부터는 사지를 마음대로 놀리며 손가락을 빨고 있다. 이 어지러운 타국에서 건강하게 태어난 것만도 감사한데, 아기는 자신의 존재를 알리기라도 하려는 듯 열심히 생명의 몸짓을 하고 있다.

아기의 이름은 '제시'라고 지었다. 집안의 돌림자가 '제'자인데 '제시'라는 이름이 생각났다. 영어 이름이다. 조국을 떠나 중국에서 태어난 아기. 그 아기가 자랐을 때는 우리나라가 세계 속에서 당당하게 제 몫을 하기를 바라는 마음으로, 우리 아기 또한 세계 여러 나라 사람들 사이에서 능력 있는 한국인으로 활약하는 데 불편함이 없도록 지었다.

세상에 나온 걸 축하한다. 우리 제시!

중국 호남성 장사(湖南省 長沙)

1938년 7월 15일, 호남성 장사

산모의 건강은 의외로 양호하다. 먹을 것 넉넉지 않고, 쉴 곳 여유롭지 않은 이곳에서 여간 다행스러운 일이 아니다. 더구나 피하기 어려운 시국 관계로 오늘 아침엔 집으로('유원 16호') 퇴원했다. 집에 도착한 제시는 벌써 능히 듣고 또, 보는 듯하다.

천차만별인 중국의 기후 중에서 그래도 장사는 경치도 좋고 기후도 온난한 곳이다. 중국 정부 각 기관이 중경으로 옮겨가자 물가가 싼 장사로 옮겨 오게 된 것인데, 곡식도 많고 물가도 싸서 생활하기에는 부족함이 없다.

이곳에서 제시가 태어난 게 다행스럽다. 이제 우리 아기의 고향은 평양도 서울도 아닌, 중국의 '장사'가 됐다. 이곳은 이천여 년의 역사 도시다. 이곳에서 우리 제시의 역사 또한 시작되고 있다. 한 치 앞도 알 수 없는 이 타향살이가 언제쯤 끝나게 될까? 제시의 미래는 앞으로 어떻게 될 것인가?

1938년 7월 22일, 광동성 광주

중일전쟁에서 중국이 몰리고 있다.

지금으로부터 1년 전인 1937년 7월 7일, 일본군은 북경 근처의 '노구교'에서 교전을 일으켰다. 중국에 대한 무력 시위의 하나로 야간 전투 훈련을 계속했던 일본군은 훈련 도중 사병 한 사람이 실종되었다고 주장하며 근처의 중국군을 공격하였고, 곧 그 일대를 점령했다. 이것이 중일전쟁의 씨앗이 된 '노구교 사건'이다. 노구교 사건 이후, 일본은 관동군과 조선 주둔군을 끌어들였고, 이로 인해 중국과 일본 사이

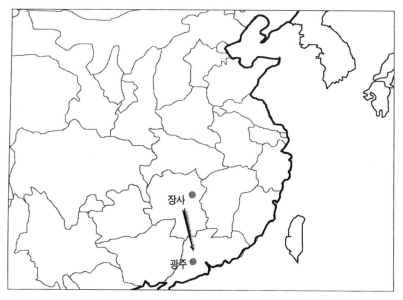

'호남성 장사'에서 '광동성 광주'로

엔 전면적인 전쟁이 시작됐다.

이렇게 중일전쟁이 일어나고 같은 해 11월, 임시 정부 역시 중국 정부가 피난해 있던 '남경' 근처의 강소성 진강을 거쳐 호남성 장사로 옮겨 왔는데, 그 생활도 결국 오래가지 않게 됐다. '장사'를 떠난 것은 임시 정부가 '장사'로 옮긴 지 팔 개월이 되는 1938년 7월 19일, 이른 아침 4시경이었다.

제시가 태어났던 '장사', 이른 새벽잠에서 아직 깨지 않은 '장사'를 뒤로하고, 모든 임정 식구들은 중국 대륙 동남쪽에 위치한 광동성 광주행 월한철로 전차(電車)를 탔다. '월한철로'는 '무한'에서부터 '광주'를 잇고 있는 기차였다. 월한철로의 '월'은 '광주'의 또 다른 이름이기도 하다.

호남성의 수도 '장사'에서 광동성의 수도 '광주'까지, 제시를 낳은 지 보름이 채 되지 않았지만 어쩔 수 없었다. 엄마의 몸도 몸이지만, 그보다 아기가 더 걱정이었다. 갓 만나는 세상에 익숙해지기도 전에 부대끼는 기차를 타고 피난을 떠나 왔으니, 위생적인 환경은 제쳐 두고라도 흔들리는 기차로 사흘이나 여행을 했으니…. 더운 열대 지방이라 줄곧 안기가 힘들어서 대나무로 만든 광주리를 준비했다. 그 광주리 속에 아기를 뉘어 놓고 광주리를 들고 다녔다.

　그렇게 기차를 타고 가던 중에는 갑작스런 일본기의 공습도 만났다. 공습이 오자 기차가 멈추었고, 사람들은 기차에서 내려와 주변의 수풀 속에 숨어 적기가 사라지기를 기다렸다. 대광주리에 누워 있던 제시에게는 혹시 수풀 속의 벌레라도 붙을까 봐 가제 수건으로 덮어 줬다. 바구니 속 아기를 들고 있는 나, 바구니 속에서 답답한 숨을 쉬고 있을 아기, 어린아이의 손을 잡고 옆에 엎드려 있는 아주머니…. 모두들 숨죽이며 숨어 있다가 저만치 비행기가 사라지자 다시 기차에 올랐다. 그러자 기차는 다시 숨을 몰아 달리기 시작했다.

　기차는 그렇게 멈췄다 섰다를 반복했다. 그때마다 우리는 수풀 속에서, 시냇가에서, 나무 밑에서 가만히 몸을 눕히고 있었다. 공습이 지나고 나면 흘러가는 물에 세수도 하고 목을 축이기도 했다.

　기차가 도중에 도시를 지나게 되면, 우리 한교들은 각 가족당 배급받은 돈을 가지고 나가서 먹을 것을 사 왔다. 음식물을 살 돈은 임정의 재정을 맡은 분이 가족 수에 따라 돈을 나눠 줬다. 그러면 각자 자신들에게 필요한 음식물을 마련하는 것이다.

　임정은 중일전쟁이 일어난 후, 중국 정부에서 지원비로 나오는 돈과 하와이를 비롯한 미주 전 지역 재미교포들의 성금으로 꾸려 가고 있었다. 중일전쟁으로 같은 적을 갖게 된 덕에 전에 없이 중국의 도움을 받게 됐다.

중일전쟁 전에는 임시 정부 요원들이 각자 능력을 살려 중국에서 생업을 가지고 돈을 벌어서 생활비를 해결했고, 임시 정부에 각자의 수입 중 일정 분을 헌납해서 활동하는 데 도움을 주고받을 수 있었다. 하지만 이제 중일전쟁이 일어나 생계 수단을 잃은 백여 임정 식구들에겐 독립운동 자금으로 쓰던 교포들의 성금과 중국 정부로부터 나오는 돈과 몇십 가마씩의 쌀이 유일한 수입원이었다.

넉넉지 못한 돈이었지만, 전화의 불 속에서 끼니를 해결할 돈은 되었다. 아기를 낳고 난 우리의 산모들이 하듯 든든하게 미역국 한번 먹어 보는 일이 없었지만, 끼니를 거르지 않는 것만도 다행이었다. 아니 다른 피난민들에 비하면, 임정 식구들은 고급 피난민인 셈이었다.

그렇게 해서 사흘이란 피난 여정이 끝나고 7월 22일, 광주에 도착했다. 이른 아침, 광주시 남단 황사 정거장에 도착했을 때 우리는 또 공습을 당했다. 황황히 임정 대가족의 숙소로 정해진 '동산 아세아 여점'으로 찾아 들어갔다. 피난의 시간들도 지나고 나니 더운 날씨와 공습 비행기의 기억만이 남았다. 이런 생각도 잠시일 뿐, 바구니 속의 제시를 보니 신기하게도 편안하게 먹고 자고 울 뿐이었다. 먹은 것이 부족해서 엄마 젖이 제대로 나오지 않을 것이었지만, 계속 빨다 보면 그래도 조금씩은 나오는지 제시는 잘도 빨아 대고 있다.

1938년 8월 30일, 광동성 광주

오늘 비로소 얼굴을 마주하고 정면으로 제시를 안아 줬다. 언제부터인지 제시는 스스로 머리와 목을 바로 세우고 있다. 이 세상에 나온 지 고작 두 달 정도지만, 벌써 자기 몸 간수를 단단히 잘 하고 있다. 가르쳐 주지 않아도 스스로 변화하고 발전하는 아기의 모습이 대견스럽다.

오후엔 설사증이 생겨서 처음으로 약을 달여 먹였는데, 다소 효력이 있었지만 완치는 안 됐다. *이시영 선생의 처방으로 '백아삼전', '등심일속'을 먹였다.

한학을 공부하셔서 한의학 지식에 정통한 이시영 선생님은 우리들 중 아픈 사람이 생겨 찾아가면 약 처방을 내려 주신다. 그 처방을 가지고 약방에 가서 약을 지어 걱정을 덜곤 한다. 이번에도 또 이시영 선생의 신세를 졌다.

고향에 계신 어머니 생각이 난다. 육 남매를 낳고, 나와 동생들이 아플 때면 어쩔 줄 몰라 하며 애타하시던 어머니. 먼 이국 땅에서 어머니를 떠올리고 있는 이 딸을 아시는지.... 어머니가 된다는 것이 새삼 새로운 날이다.

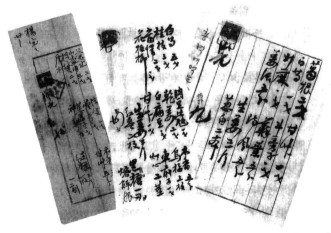

한자로 된 약 처방들

1938년 9월 15일, 광동성 광주

뉘여 안고 다니던 제시를 오늘부터는 바로 안아 주기 시작했다.

팔 안에 들어온 제시는 목 힘이 든든하고 제법 큰 애처럼 목을 좌우로 돌리며 놀았다. 약 15분 동안의 시간이었는데 높은 목소리와 안 좋은 태도를 지니고 말하면 서러워하고 밝은 얼굴로 얼러 주면 웃곤 한다. 아기도 사람의 표정에 섬세하게 반응한다.

어른이 된 우리의 마음도 사실은 이렇게 민감한데 그것을 숨기고 사는 게 아닌가? 세상을 살면서 감정에 무뎌지고 조절하는 법을 배우게 되지만, 결국 누군가에게 안 좋은 태도를 가지고 말하면 무뎌진 마음 사이로 자신도 모르는 상처가 쌓일 것이다.

아기의 마음을 갖고 사는 사람을 순수한 사람이라고 마치 특별한 사람처럼 말하곤 하지만, 사실은 아기 때의 반응이 인간 본연의 느낌이요, 반응일 것이다. 아기 때의 모습을 감추고 감추어 더욱 높고 두꺼운 담을 쌓는 것이다. 아기들의 그 즉각적인 반응에서 사람들 얼굴 속에 숨겨진 모습을 찾게 된다. 친절하고 부드러운 표정에는 웃음으로 피어나는 밝음이, 화나고 거센 표정에는 아기들처럼 그렇게 울고 싶은 서러움이 마음속에 떠오른다. 이곳 중국 사람들의 표정 없는 얼굴을 보며 새삼 어떤 중국 아기의 천진스러운 표정을 떠올려 보게 된다.

1938년 9월 19일, 광동성 불산

오후 2시 30분에 우리 일행은 '불산진'으로 향했다. '불산(佛山)'은 광주에서 서쪽으로 약 25킬로미터 떨어진 곳이다.

믿었던 중국군은 일본군에게 연신 대패하며 뒤로 밀렸고, 광동성의

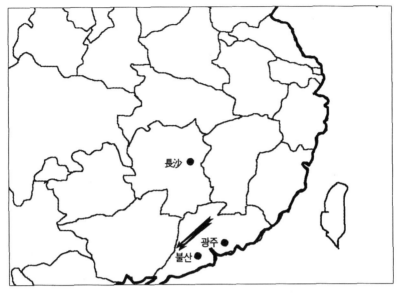

광동성 '광주(廣州)'에서 '불산(佛山)'으로

수도 '광주'의 '동산백원'에 정착했던 임시 정부는 다시 피난을 결정한 것이다.

따라서 우리 가족을 비롯한 임정 식구 사십여 명은 대영리기선(大英利汽船)으로 광주시 '월해공사 부두'를 떠나 오후 4시 30분에 '불산진 중산교(中山橋) 부두'에 상륙했다.

제시를 안은 우리 가족은 미리 준비되었던 '복경방(福慶坊) 28호'를 찾아 들어갔다. 서향방으로 천창(天窓)이 있는 집이었다. 이 집은 광주에서 살던 방보다 통풍이 잘 되어서 훨씬 서늘했다. 열대 지방이라 느끼는 열고(熱苦)가 한층 덜어지는 듯해 다행스럽다. 우리에게 있어서 이런 집을 얻는 것 자체가 행운이다. 중일전쟁이 일어난 후에는 그나마 타국에서였지만, 누려 왔던 정상적인 삶 자체가 불가능해졌다. 우선 전쟁 통으로 인해 일자리가 없어졌다. 그것은 가족의 수입이 없어짐을 뜻했다.

먹을 것, 입을 것, 머무를 곳을 제쳐 두고 늘 짐을 쌀 준비를 한 채 하루하루를 살아가고 있다. 그래도 우리들 삶은 나은 편이다. 피난 생활을 해야 하는 임정(임시 정부)이 가족 수에 맞춰 나눠 주고 있는 생활비는 기본적인 생계를 이어 갈 수 있을 만큼의 작은 돈이었지만 말이다.

중국인들도 이제 '일본'이라는 우리와 동일한 적을 두게 되어 재정적인 면뿐 아니라 항일 활동에 있어서도 우리의 입장에서는 마음이 한층 편해졌다. 이젠 눈치를 덜 보게 됐다. 오히려 만주의 우리 독립군 등 동지들 일부는 중국인들의 군대에 군인으로 들어가 지원해 주는 입장이 됐다. 함께 싸우는 것이다.

비록 전쟁이란 사람들의 삶과 정신을 피폐하게 만들지만, 오늘의 중일전쟁은 우리 한교(韓僑, 한국 교포)들에게 있어 희망의 전쟁이다. 덩치 큰 중국이 일본을 무릎 꿇게 만들 날이 곧 올 것이다.

1938년 10월 3일, 광동성 불산

제시는 이제 손으로 잡아당겨 볼 만한 거리에 있는 것이면 무엇이나 끌어다가 들춰 보기 시작한다. 지금도 배를 덮어 준 기저귀를 끌어다가 입으로 빨아 보기를 수차례 하고 있다. '불산'에 와서 생활이 다소 안정되고 있다. 아기가 먹을 양식이 부족하지 않아 좋고, 일기가 좋아서 좋다. 그래서인지 제시도 기분이 좋아 맹렬하게 운동을 한다. 자기 몸을 가지고 온갖 시험을 다 해 보고 있다.

세상 속에 들어온 걸 깨달은 건지 한세상 함께 지니고 살아야 할 자신의 도구들을 점검해 보고 있다. 제시에겐 이곳이 고향이 아닌 낯선 중국이란 사실이, 평생을 믿고 살아야 할 나라를 빼앗겼는지가 하나도 중요치 않다. 사람답게 살아가는 것을 배우는 것, 그것이 더욱 중요한 눈앞의 문제인 것이다. 문득 우리 아가를 볼 때마다 제일 중요한 것을 잊고 사는 건 아닌가 생각하게 된다.

백일을 맞이한 제시

1938년 10월 11일, 광동성 불산

제시의 백일 날이다.

태평할 때 같으면 측근들과 같이 모여서 먹고 마시며 즐기련만, 비상한 때라 그만두기로 했다. 그래도 기념사진만은 남겨 두려고 근처 용방 사진관으로 가서 사진을 한 장 찍었다. 까까머리 아가와 엄마를 담은 사진, 어떤 모습으로 나올까. 제시는 태어나서 처음으로 사진을 찍는다.

엊그제 가슴에 안긴 제시의 얼굴을 처음 본 것 같은데, 그때에 비해 제시는 자기만의 몸짓으로 세상과 자신의 몸을 여유 있게 만나고 있다.

사진을 찍고 나니 어느덧 점심때가 됐다. 어린 제시를 뉘여 놓고 양식(洋食)과 당식(唐食)으로 배불리 먹고서 근처 중산(中山) 공원을 구경하고 돌아왔다. 우리의 처소에는 그새 나이 드신 선생님들 네다섯 분과 부인네들, 그리고 어린이들이 십여 명이나 제시를 축하해 주기 위해 오셨다. 그분들께 간단히 다과를 대접했다.

좋은 음식, 많은 분들의 축하로 생각보다 융숭히 백일을 잘 보냈다. 우리의 살림살이에 비해 과분한 날이었다.

철없는 제시지만, 백일맞이라 해서 그런지 경쾌한 태도로 아주 기분 좋게 잘 놀고 있다. 그런 제시의 기분과 달리 바깥 분위기는 스산하다. 매일 아침마다 포탄 소리가 천지를 뒤흔들고 있다. 적이 가까이 다가온 모양이었다. 오후엔 일본군이 광동(廣東), 담수(淡水) 등의 지방에 상륙하여 물밀 듯 쳐들어온다는 소식이 전해지자 불산 거리에는 짐을 옮기는 황황한 모습이 보이고 있다.

1938년 10월 12일, 광동성 불산

드디어 걱정하던 소식이 전해져 왔다.

일주일 이내에 광주시와 부근 각 현(縣)과 진(鎭)에 일본군의 침입이 있을 거라는 소식이다. 위험을 느낀 중국 정부 기관과 함께 우리 기관 (광주시에 있는 임시 정부)도 피난을 준비했다. 배는 간신히 준비가 됐으나 불산현에 있는 일부 우리 교포들의 피난이 문제가 됐다. 그들의 처우 문제로 걱정하다가 간신히 해결이 되어 20일 떠나기로 결정이 됐다.

남쪽으로 남쪽으로

1938년 10월 20일, 삼수

10월 19일 새벽 3시 반, 사오 일간 쌌다 풀었다 하던 행리(짐)를 챙겨 가지고 불산 정거장으로 나갔다. 우선 '삼수'까지 가기로 작정하고 광삼차(廣三車)를 타기로 했다. '광삼차'는 광주에서 삼수로 가는 기차였다.

'삼수'로 가는 기차는 매일 매시간에 한 번씩 있지만 만여 명의 피난민이 집중되어 들끓는 만큼 승차가 쉽지 않았다. 피난을 포기해야 하는 건지 눈앞이 깜깜했다.

다행히 장개석 위원장의 전보 덕분으로 성정부(중국 광동성 정부) 명령에 따라 역장이 전차 하나를 준비해 주었다. 아주 특별한 대우였다. 사십여 명 우리 일행은 모든 행리를 싣고 궁색함 없이 차를 타고 떠나게 되었다. 때는 아침 4시 30분이었다.

아침 열 시쯤 하여 삼수역에 도착하려 할 때였다. 갑작스런 공습경보에 차가 멈췄다. 순식간에 우리 일행 모두가 사방으로 흩어졌다. 우리는 제시를 안고 정거장 서남쪽에 있는 높다란 탑 밑으로 피난했다. 이제 제시를 안고 뛰는 것에 익숙해진 터였다.

광동성 '불산'에서 광서성 '삼수(三水)'로

삼수에 도착한 우리 일행은 중국 정부와의 긴밀한 교류 덕으로 피난의 방편을 얻을 수 있었다. 중국 제4로군(第四路軍) 운수사령부(運輸司令部)의 삼수지부(三水之部)에서는 우리의 모든 행리를 운반해 주기로 하고, 삼수현 정부에선 목선(木船)인 '갑종선 익리기(甲種船 益利記)'를 공급해 줘서 드디어 오늘 오후 7시에 고요현을 향해 떠나게 됐다.

1938년 10월 23일, 고요현

오후 9시에 '고요(高要)'에 편히 도착했다.

중국의 4대 강은 '주강', '양자강', '황하', '흑룡강'인데, 그중 하나인 '주강'을 거슬러 올라온 것이다.

도착한 후에 우리 일행은 이곳 당국을 방문하여 인사를 나누고 광주에서 이틀 전에 도착한 교포 일행을 만나 서로 인사를 나눴다. 그리고 이제부터는 그들과 같이 움직이기로 했다. 내일 오후엔 광서 계평현(廣西桂平縣)을 향해 더 큰 목선 '익리선(益利船, 배 이름)'에 승선할 것이다.

1938년 10월 26일, 오주

매일 공습을 당하면서 이틀 만인 오늘, 26일 오주(梧州)에 도착했다.

우리가 타고 온 배인 익리선은 목선이기 때문에 기선이 끌어 줘야 갈 수 있는 배다. 오주까지 일행 140여 명을 태운 익리선을 끌어다 준 것은 '신금산'이라는 기선이었고. '오주'에서부터 계평(桂平)'까지는 '덕태'란 기선이 끌어 주었다.

피난길이긴 하지만, 도중에 여러 곳을 지나며 광서성의 서강(西江) 여행을 경황 없는 가운데에서도 흥미 있게 할 수 있다. 끝없이 펼쳐진 넓고 긴 서강은 폭도 넓었다가 좁았다가 강줄기도 올라갔다 내려갔다 하며 다양한 자태를 지니고 있었다. 중국 땅을 피난 다니며 그간 이름 만 듣던 비경들을 보게 된다. 고단한 피난 여행 중이지만, 뜻밖의 선물 을 받게 된 느낌이다.

1938년 10월 28일, 계평

오후 9시 30분에 광서성 계평현(桂平縣)에 도착했다.

'엄(嚴)'과 중국인 '양(楊)' 두 명이 계평현 정부를 방문하자, 현 정부 에는 이미 광서성 정부로부터의 서신이 와 있었다. '우리 일행이 도착 하면 원선(源船)으로 유주까지 보내라'는 내용의 전보였다. 그들은 광 주 부근이 적에게 함락되었다며 상황이 급박하다고 했다.

하지만 우리로서는 달리 방법이 없었다. 본래 타고 온 배의 기선은 벌써 다른 곳으로 가 버렸고, 모두들 다시 배를 구하느라고 각 방면으로 활동했지만 그리 쉬운 일이 아니었다. 우리가 타고 온 목선은 홀로 움직이지 못하고, 기선이 끌어 줘야만 갈 수 있기 때문에 별 도리가 없었다. 더구나 '주강'은 거슬러 올라갈수록 물살이 세어지고 있어서 잘못하다가는 휩쓸려 갈 위험도 있다고 한다.

계평현 북문외(北門外) 부두에 타고 온 익리선을 대고 멈춰 선 우리 일행들. 초조하고 심란한 마음 형언할 수 없다. 이 밤엔 달빛 비치는 강의 아름다움마저도 위로가 되지 않는다. 그저 앞으로의 여정에 대한 근심을 불러일으킬 뿐이다.

1938년 11월 17일, 계평현에서 북상 중

그동안 배를 계평현 북문외 부두에 대고 유주까지 끌어 줄 기선을 구하기 위해 '엄'과 '양' 두 분이 각 방면으로 뛰어다녔으나 여의치 못했다.

16일 오후가 되어서야 삼수선박 사령부(三水船迫 司令部)에서 보낸 '리행(利行)'이란 작은 기선을 맞이하게 됐다. 여러모로 중국 정부 덕에 이번 피난길의 어려움을 모면하고 있다.

계평 부둣가에서 지나온 이십 일이라는 긴 날, 아무런 공작(工作)도 없이(어디로 갈 것인지 아무런 계획도 세움이 없이) 오직 찬거리를 사다가 노천 강변에 큰 돌 조각 서너 개를 깔아 놓고, 나뭇가지를 주워 와 불을 지피고 가마를 걸어 저마다 음식을 지어 먹는 일 이외에는 시비 싸움질만 할 뿐이었다(전쟁 전, 각자 살림을 하던 버릇으로 인해 피난 중의 공동생활이라고 하지만, 취사는 가족끼리 저마다 해서 먹고 있었다.).

삼수선박 사령부에서 보낸 '리행선'이 어제 오후 4시 30분에 계평 북문외 부두를 등지고 천천히 북상을 시작했다. 그러나 배가 떠난 지 두 시간 남짓해서 백여 개나 되는 여울(물살이 빨라지고 장애물이 있는 곳) 중에 그 몇 번째인지 여울에 걸리고 말았다. 여울을 벗어나려다 벗어 나려다 실패하고, 그만 그 저녁이 지나고 아침에야 겨우 벗어나 배를 끌어 올리고 나니 어느덧 다음 날인 17일 상오 11시경이었다.

기선(汽船)에 접선하고 전속력을 다하여 행선하다가 오후 3시쯤 해 서 다시 큰 여울을 하나 지나고 나니 저녁 6시가 다 되었다. 힘든 항해 였다. 배는 정박하고 밤을 지내고 있다.

1938년 11월 19일, 석용진

일기는 맑고 깨끗했다. 기선이 상오 중으로 떠나지 않는다는 발표가 있자 마음 놓고 즐기고 이야기하며 밤낮을 보낼 수 있었다. 청산녹수, 아름다운 풍경이었다.

배에서의 생활은 단조로웠다. 중국 선원들이 밥은 해 줬지만, 반찬 은 우리들이 해결해야 했다. 된장, 고추장 같은 짠 반찬을 해서 밥을 먹는 것이 보통이었다. 배가 잠시 정박하기만 하면 육지로 올라가서 반찬거리가 될 만한 것을 구해 오는 게 일이었다. 지난번 하선 때 눈치 빠른 사람들은 고기를 사 가지고 와서 구해 온 토기에다가 장조림을 해 가지고 담아 오기도 했다. 미처 준비를 못 한 가족들은 아쉽지만 어 쩔 수 없었다. 식사를 하고, 풍경을 바라보고, 흥이 나면 선상의 이백여 식구가 끼리끼리 모여 앉아 이야기하고.... 우리는 부평초와 같은 신세였다. 흐르고, 쉬어 머물고....

1938년 11월 21일, 상현

아침에 '유주(柳州)'를 향하여 배는 떠났다.

일기는 여전히 온화했고, 제시도 잘 놀고 있다. 저녁 6시 30분경에 상현(象縣)에 도착하여 밤을 지내게 되기에, 하선하여 시가를 구경하고 저녁도 사 먹고 돌아왔다. 강물은 푸르고 맑지만 수심이 얕아서 행선은 어려웠다.

1938년 11월 23일, 계라

아침 6시에 배는 떠나 물도 깊고 바람도 잔잔한 강물 위를 순조롭게 항해했다. 그리고 곧 목적지에서 멀지 않은 '계라'라는 지방에 도착했다.

'계라'는 우리의 목적지인 '유주'에서 삼십여 리 떨어져 있는 지방으로, 산세가 험악하고 천연 굴이 많은 곳이다. 그래서 병기창이 옮겨와 있고, 기계화 부대 학교가 있다고 한다.

1938년 11월 24일, 리행선 선상에서

일기는 퍽 온화했다. 아침에 떠나서 이삼 리를 쉬지 않고 가고는 여울에 걸려서 더 가지를 못하고 섰다. 여울과 여울, 끝도 없는 강물길에서 쉬지 않고 만나는 것이 바로 여울이다. 여울은 위험하기도 하고, 우리의 피난길을 더욱 멀고 길게 만들지만, 오늘처럼 멈춘 배 위에서는 고요한 분위기를 자아내고도 있다.

오늘은 마침 음력 10월 3일 개천절이다. 비록 피난 중이나 이날을 기념하기 위해 술과 고기를 준비해 놓고, 먹고 마시고 잘 놀았다.

개천절이 우리에게 중요한 의미를 갖는 이유는 일제의 침탈이 대두되면서부터다. 단군 시조를 중심으로 한민족으로 내려온 우리 동포들. 우리 동포의 하나됨과 자부심을 일깨우는 개천절은 임정 인사들, 그리고 독립운동을 하는 사람들에겐 남다른 축제일이다.

단군 시조를 모시는 대종교 신자가 아니더라도, 단군 시조 아래 하나로 내려오는 민족의 기원을 찾는 마음과 그것을 중심으로 불끈하는 민족애를 떠올리며 하나로 모이게 된다.

그리고 개천절 행사를 핑계 삼아 조금은 긴장을 풀고, 좋은 음식과 즐거운 시간을 가질 수 있어서 또한 좋으리라.

1938년 11월 27일, 리행선에서

파견했던 대표들의 보고에 의하면 그래도 수로가 육로보다 편리하리라는 결론이 났다. 타고 오던 목선을 인력(人力)으로 끌어 올리기로 하고, 연로하신 몇 분은 간단한 행리를 가지고 먼저 우차(牛車)로 유주를 향해 떠나시게 했다. 나머지 교포들은 삼 일간 먹을 음식을 준비하기에 분주했다.

1938년 11월 28일, 리행선에서

이른 아침부터 배 끌어 올리기를 시작했는데 상상 외로 진행이 빨랐다.

무거운 배를 끌어 올리자니 죽어 가는 형용의 목소리로 고함치는 사공의 모양이 불쌍했다. 하지만 역시 볼 만한 광경이기도 했다.

일행 중 청년들은 모두 도와 끌었고, 아녀자들은 청년들이 큰 소리를 내며 힘을 합쳐 끄는 모습을 지켜보고 있었다. 그리고 얼마 후에 배가 서서히 움직이기 시작했다.

저녁 6시가 되어선 '낙후진(洛候鎭)'을 채 못 미친 곳에 정박하고 그 밤을 지내었는데, 이곳은 서강이 '유주'로 꺾어지는 곳이라 한다. '유주'로 가는 이 여행이 얼마나 더 계속돼야 할까?

1938년 11월 29일, 리행선에서

이른 아침부터 계속하여 배를 끌어 올렸는데, 바람과 물결이 퍽 순하여 가는 길이 빨랐다. 그러나 목적지를 약 오 리쯤 남겨 놓고 밤을 지내게 됐다.

멀고 먼 수륙 여행을 마치고 목적지에 거의 다 왔다는 것을 아는지 제시도 큰 웃음을 치며 잘 놀고 있다.

저녁에는 미숙 선생과 여러 사람의 신구곡 노래가 강가에 울려 퍼졌다. 노랫가락은 사람들의 마음을 가라앉히곤 강물 속으로 흘러갔다. 고향 생각을 하는 이와 지나온 뱃길을 돌이켜 보는 이, 앞으로 어찌 될지 전혀 가늠할 길 없는 우리 인생의 여정까지.... 저마다 각기 다른 생각을 품고 있다.

하지만 이 순간 모두의 마음속에 바라는 것은 하나일 것이다. 나의 조국, 조선을 당당하게 우리의 손으로 찾아내는 것. 일본의 어거지 같은 강점에서 고향을 되찾아 자랑스레 고향에서 살아 나가는 것이다. 당연하지만, 당연하지 않게 되어 버린 일, 조국에서 살기 위해서 먼 타국을 전전하면서도 우리에겐 그 소망과 과제가 있기에 고개를 들고 산다.

나라 잃은 민족이 아니라 나라를 되찾으려는 열정의 민족으로 살고 있기에 낯선 중국인의 눈짓 한번에도 흔들리지 않을 수 있는 것이다.

서강 상류의 죽림이 조용하게 우거진 사이로 어느새 반공의 초생 반월이 흘러가는 푸른 물 위의 한 줄기 빛으로 변해 있다.

긴 배 여행을 마치고 새로운 땅으로

1938년 11월 30일, 유주

오늘로 한 달 열흘 동안의 배 위에서의 생활이 끝났다.

아침 9시쯤 유주에 도착했다. 그러나 지루하고 지쳤던 배 여행의 끝은 어떤 다른 생각도 할 겨를이 없었다. 행리를 운반하려 할 때, 갑자기 공습경보가 울려 와서 모두가 숨을 죽이고 정지해야 했다. 그러다가 겨우 오후 2시가 되어서야 해제가 되어 짐 운반을 시작했다. 도착하자마자 우리를 맞이하는 공습경보, 말은 안 하지만 모두들 불안해하는 기색이다.

우리의 처소는 '하남 태평서가 18호(河南 太平西街 18號)'로 이미 정해졌으나 먼저 있던 이가 나가지를 아니하여 부득이 '강북 담중로 50호(江北 潭中路 50號)' 조 태태(부인) 방에 임시로 거처하게 됐다. 조 태태는 * 조성환 씨의 중국 부인이다.

1938년 12월 3일, 유주

오후 6시에 하남(河南) ' 처소로 옮기게 되었다. 집 없는 어린 나그네

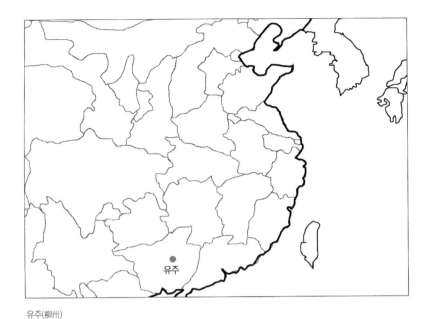

유주(柳州)

가 되었던 제시는 이날 밤 편안히 잘 잤다. 서로 돕고 도와주는 생활이지만 다른 집에서 신세지는 게 영 마음이 불편했는데 이제야 마음이 놓인다.

1938년 12월 5일, 유주

아침 열 시쯤 되어 공습경보가 났다. 유주의 하북(河北, 강북)은 유주시(市)였고, 하남은 새로이 개척하고 있는 지대라 가옥과 상점이 별로 많지 않았다.

유주시를 북으로 하고 흘러가고 있는 강의 남쪽엔 병풍 모양으로 길게 산이 연결되어 있는데, 천연동굴이 99개나 뚫어져 있다고 한다. 이곳이 임시 방공호로 이용되고 있는 굴이다. 하지만 이 천연동굴의 단점은 입구에 작탄을 맞으면 그대로 무덤이 된다는 것이다. 하지만 일단 공습이 울리고 나면, 피난민들에겐 다른 선택이 없었다.

*민필호 씨 모친과 그 손자 손녀가 우리 옆방에 유(留)하고 있었다. *민영구, 민영애와 그 할머님이었는데 그들과 함께 우리 일행은 황급히 뒷문 밖으로 나가 5분 가량 거리인 동굴로 갔더니 모두 만원이라 입장을 허락지 않았다. 곧 공습은 있을 것 같은데 갈 곳은 없고, 다급한 마음이었다. 급한 대로 제5동굴로 갔더니 다행히 그 속엔 몇 사람 되지 않아 우리 일행이 들어갈 수 있었다.

들어가자마자 일본 비행기가 작탄을 수없이 떨어뜨리는 모양이었다. 석굴이 심히 흔들리며 당장 무너지는 듯하고, 동굴 안의 상태는 천둥 번개 치듯 불빛이 번쩍이며 천장이 내려앉는 듯 작은 돌 부스러기가 자꾸 떨어져 나는 허리를 구부려 제시의 몸을 방어하며 폭탄 투하가 멈춰지기만을 기다릴 뿐이었다.

몇십 분이 지나자, 폭파하는 소리가 끊어지더니 십여 분 후에 해경(解驚, 경보가 해제됨)이 되었다. 겁에 질린 일행이 머뭇거리며 굴 밖으로 나왔더니 처참한 광경이었다. 우리가 들어 있었던 집 앞뒤, 오른쪽, 왼쪽이 불바다를 이루고 있었고, 동굴 문 밖의 넓은 밭에는 작탄이 떨어져 파인 웅덩이가 헤아릴 수 없이 많았고, 참혹하게 된 시신도 많이 눈에 띄었다.

아빠와 민영구 두 분이 집으로 뛰어갔다 오더니 우리가 살고 있던 그 집만은 요행히 앞면만 무너진 채 방 안은 천장이 좀 내려앉고 방바닥이 떨어지고 무너졌을 뿐 비교적 적은 손실만을 발견할 수 있었다고 했다.

짐들을 챙겨 꾸려 놓고 강북(江北) 동지들의 도움으로 즉시 '하북 담중로 50호' 집으로 배를 타고 건너오게 되었다. 후에 안 소식으로 우리가 피신했던 5호 동굴 좌우 쪽, 기타 여러 동굴이 폭탄 투하로 매몰되어 버렸단다. 그곳에 사람이 가득 차 있지 않았던들 우리는 지금의 모습이 아니었을 것이다.

1938년 12월 5일, 이날의 왜놈의 잔인한 행동은 인류 역사가 생긴 후, 세계 처음으로 꼽히는 참사였다고 한다. 동굴이 오히려 위험하다고 산 주위 숲속, 나무 밑에 은신하고 있던 피난민들은 왜놈의 저공비행으로 기관총을 난사당하여 거의 다 죽었다고 한다.

민간인들을 그렇게도 많이, 의도적으로 죽였던 일본의 잔혹한 행동은 훗날 역사가들에 의해 평가되리라....

1938년 12월 16일, 유주

십여 일 전부터 밤에 자면서 킹킹거리며 울기까지 하다가 소변을 걷어 주면 계속 잘 자기도 하고, 그렇지 않을 때엔 젖을 먹여야 자기도 하였다.

오늘 새벽 5시쯤 해서는 깨어서 '엄마, 엄마' 하는 소리를 연 삼사 차례나 계속 부르며 울면서 졸랐는데 '엄마'라고 부른 것이 오늘이 처음이었다(태어난 지 오 개월째). 엄마라는 소리에 담긴 수많은 의미가 떠오른다. 함께 자고, 함께 울며 나눔과 희생을 행해야 하는 이름. 그에게 전적으로 의지하고 있는 아기가 '엄마'라고 부를 때 엄마가 느끼는 사랑과 책임감, 엄마의 어렵고 힘든 역할이 그 이름, '엄마'라는 단어로 순간 녹아 버린다. 세상의 거의 모든 여자들이 그렇듯이.

조금 전까지 곤하게 잠을 자던 제시가 눈을 번쩍 떴다. 옆에서 제시 옷을 만들고 있는 엄마를 바라보더니 다정한 미소를 짓고는 다시 평화로운 꿈나라로 돌아갔다.

1938년 12월 22일, 유주

아침부터 내리는 보슬비는 그칠 줄을 모르고 있다. 그럼에도 불구하고 우리 식구는 '경행로 10호' 앞채를 얻어 이사를 하게 되었다. 전에 살던 3층 양옥집은 위법 죄인의 집이라고 관청에서 나와 철수하라고 명령하여 모처럼 자리 잡은 느낌이었지만 옮기지 않을 수 없었다.

새집은 집 윗벽을 완전히 쌓아 올리지 않아 천장까지는 절반이나 막히지 아니하고, 몹시나 휑한 모습이 바로 전에 살던 양옥과 비교가 되지 않는 재래식 건물이었다. 그렇지 않아도 전쟁 중이라 스산한 느낌이지만, 벽이 막히지 않은 쓸쓸한 방에 앉아 보니 더욱 심경이 착잡하다.

1938년 12월 25일, 유주

제시 아가는 아빠에게서 크리스마스 선물을 받았다.

마치 태극선같이 생긴 양철 장난감이었다. 손잡이를 잡고 흔들면 딸랑딸랑 소리가 났다. 장난감을 제시 손에 쥐어 줬더니 그것이 무엇인지 아는지 모르는지 한참 동안이나 쥐고 흔들며 잘 놀았다. 유일한 제시의 장난감이었다.

1938년 12월 27일, 유주

아침 11시경에 경보가 울렸다.

하나뿐인 피난처인 들(野外)로 적기를 피하여 나갔다. 그곳은 평지이지만, 공동묘지가 있었다. 그리고 대나무가 우거진 곳도 있었고, 숲도 무성히 우거져 있었다.

우리는 공동묘지 무덤가 양옆으로 바짝 몸을 붙여 누웠다. 나무 밑에 숨어 있던 사람들이 기관총 세례를 받았다기에 우리는 무덤 옆에 제시를 웅크리게 하고, 그 위에서 엄마가 제시 몸을 감싸 안은 자세로 몸을 숨겼다. 그렇게 우리처럼 무덤 옆에 숨어 있는 사람, 숲 사이에 숨어 있는 사람, 피난민들은 들판의 여기저기에 숨죽이며 엎드려 있었다. 이때가 가장 숨막히는 순간이다.

어느 누가 폭격의 희생물이 될지 모른다. 공습기가 저공비행을 하고 포탄을 쏘면 그대로 죽을 수도 있기 때문이다. 고개를 쳐들고 하늘을 보면 새까맣게 작탄 떨어지는 모습이 보인다. 이곳에서 한 가지 배운 것은 폭격을 피하기 위해서는 하늘의 비행기의 방향을 살펴보고, 작탄이 떨어지는 반대 방향으로 피신해야 한다는 것이다. 공중에서 떨어지는 작탄은 비행기의 속도 때문에 비행기의 진행 방향 쪽으로 떨어지게 되어 있다. 그래서 비행기의 반대 방향은 안전하다고 한다.

다행히 오늘은 공습의 피해가 없었다. 오후 2시나 되어 처소로 돌아왔는데, 유주는 그리 큰 피해가 없었고, 대신 '계림(桂林)'에 참작(慘炸, 참혹한 폭탄 투하)이 있었다는 소식이 전한다.

사람의 목숨은 자신의 것이되, 동시에 자신의 것이 아니다. 요즘 우리는 어느 순간 폭격의 희생물이 될지 알 수 없다. 한 달에도 몇 번씩, 아니 매일매일을 생명을 내어 놓는 경험을 하고 있다. 공습이 울리는 그때마다 피난처를 찾아 숨는 그때마다 우리의 생명은 우리의 것이 아니다.

1938년 12월 31일, 유주

1938년을 고종(告終)하는 마지막 날이다.

다사다난했던 1938년의 마지막 날이다. 감회가 크다. 고국의 부모님께서도 세계 여러 나라 대중과 마찬가지로 다감다사한 느낌이실 것이다.

오직 제시만이 아무런 이상 없이 잘 자라며 놀고 있었다.

아기 키우기

1939년 정월 원단(正月 元旦), 유주

1939년의 첫날, 이곳 유주의 일기는 명랑치 못하다. 새해를 맞이하는 여러 선배와 동지들의 착잡하고 평범치 않은 감상을 느낄 수 있었다.

오늘로 제시가 세상에 태어난 지도 햇수로 한 고개를 넘어서게 됐다. 무사히 잘 자라기만 기도 드릴 뿐이다.

1939년 1월 16일, 유주

약 2주나 특별히 주의하여 본 결과, 제시의 표현법을 정리할 수 있었다.

시장하여 먹고 싶은 때는 눈물을 흘려 가며 엉엉 울고, 안아 달라는 것은 허리와 엉덩이를 들었다 놓았다 하며 눈물도 흘리지 아니하고 '에에' 소리를 낸다. 젖을 먹다가도 대소변이 마려우면 먹던 젖을 멈추고 사지를 뻗치며 응응거리고, 자다가 대소변이 마려우면 처음에는 눈을 감은 채 부스럭거리다 급하면 외마디 소리를 치며 두 손으로 잡히는 대로 쥐어뜯는 것이다. 이상이 제시의 유일한 의사 표시다.

언제나 전심(全心)으로 제시를 돌보아 준다면 대소변을 헛눌 리도 없고 시계가 없어도 저 먹을 때면 꼭 먹을 수 있으리라 확신한다. 벌써 전부터, 깨어 있을 때는 물론이고 잘 때에도 이불을 얼굴에까지 덮어 주면 두 팔을 뻗쳐 치워 버린다. 많은 발전이다.

오늘은 기분이 좋은지 큰 웃음과 높은 소리를 지르며 하루 종일 잘 놀고 있다. 요즘엔 하루하루 아이의 기분이 엄마 아빠의 기분까지 좌우하고 있다.

1939년 1월 24일, 유주

계속 설사를 하기에 영아자기편(Baby's Own Tablets) 5개를 하루에 나눠서 먹여 보았다.

우리의 생활은 아기를 중심으로 이뤄지고 있다. 낯선 땅, 낯선 시간 속에서 침울한 바깥 정세에 의해 오락가락해야 하는 풍전등화 같은 처지이지만, 아기는 바깥 세계와 무관한 듯 자신만의 삶의 리듬을 즐기고 있는 듯하다. 먹고, 배설하고, 제 몸을 관찰하고, 시험해 보고, 안 좋은 자극이 오면 그대로 반응한다.

이 시간, 이 땅에서 아버지가 아가에게 줄 수 있는 것은 무엇일까! 한 치 앞을 알 수 없는 가정이란 보금자리에서 따뜻한 관심과 가슴으로 그저 아이를 지켜 주는 것인가? 아니면, 아버지의 선택을 물려주며 어쩔 수 없으니 감수하라고 할 것인가?

아이가 훗날 이국을 떠돌면서 생활했던 이유를 묻는다면, '너의 미래를 위해서였다.'는 짧은 한마디로 이해시킬 수 있을까? 그것으로 독립 성취라는 간절한 우리의 소원을 담아낼 수 있을까? 그것으로 우리 가족의 이 시간을 담아내고도 남을까?

1939년 1월 25일, 유주

제시의 설사는 오늘로 쾌차되었다.

하루 이틀, 새 날이 오는 대로 제시의 지혜 또한 자라고 있다. 무언가 제 마음에 맞지 않을 땐 소리를 내지 않는 울음을, 즉 입을 다물고 '음음-' 입을 삐쭉이며 눈물을 흘리는 새 버릇이 생겼다.

요즘의 임정은 '한국국민당'과 '재건한국독립당', 그리고 '조선혁명당' 등 임시 정부 주변의 민족 진영이 뿔뿔이 갈라져 있고, 한국 광복 운동 단체 연합회 등 임시 정부를 중심으로 하나로 뭉치기 위한 노력이 경주되고는 있지만, 진전이 뚜렷하지 않다. 아이의 성장하는 모습처럼 그렇게 움직임이 발전되면 좋으련만.

1939년 2월 2일, 유주

어제 저녁부터 내리는 비는 점심때까지 그칠 줄을 모르다가 하오가 되어서야 갑작스럽게 햇볕이 내리비치자 제시 아가도 기분이 상쾌해지는지 잘 놀고 있다.

무엇인가 장난감을 찾는 눈치여서 4인치쯤 되는 분홍색 헝겊 조각을 주었더니 받아 들고 유심히 보고 만지고 입에 넣어 보면서 재미있게 잘 놀고 있다.

세상의 모든 것이 신기한 아이에게 무엇을 어떻게 채워 주어야 할까! 가진 것보다 가지지 않은 것이 더 많은, 태어난 지 일곱 달 된 아기가 갖고 있는 그 빈자리가 놀랍고 조심스럽고 경이롭기까지 하다.

내가 아닌 다른 이를 생각할 수 있는 마음, 더 크고 넓은 것을 볼 수 있는 혜안을 심어 주고 싶다. 부모인 내가 갖지 못한 것이 그곳에 채워지기를 바라는 마음은 그저 부모된 이의 욕심일까?

1939년 2월 8일, 유주

벌써 삼 일째 일기가 맑고 온화해서인지 매일 열 시 후에는 경보가 나서 들판으로 나아가곤 한다. 성시에서 십여 리 떨어진 인가가 없는 들판이다.

일기가 맑기만 하면 왜놈의 비행기가 폭격하러 내려오는 것이 일과다. 하지만 제시는 야외로 나가기만 하면 맑은 공기를 호흡하며 한잠씩 늘어지게 자는 것이다. 포탄 속에 납작 엎드려 있는 사람들 속에서 새근새근 자는 것을 보니, 참 속도 좋은 아이다.

우리 아기에게는 전쟁도 공습도 피해 가나 보다. 오늘도 역시 아기는 잘 자고 들어왔다.

저녁이 되어서는, 제시의 앞이마와 귀밑까지 머리가 자라 덮었으므로 잠든 틈을 타서 깎고 다듬어 줬다. 이것이 제시의 두 번째 이발이다. 제시의 부모로서의 역할이 차츰 익숙해지고 있다. 아버지와 어머니가 된다는 것은 마치 거울이 되는 것과 같다. 자식들의 모습을 비추는 거울, 부모를 통해 아이들은 자신의 모습을 보게 된다. 거울이 깨지면 그 속에 비춰진 모습도 흉하게 일그러진다. 아이들은 거울을 통해 자신에 대해 눈뜨게 된다. 자신이 어떤 모습을 하고 있는지 현재의 모습을 확인하고 미래를 그려 본다. 이제 나는 한 아이의 거울이 되어 그 아이의 참모습을 보여 주고, 또 깨닫게 하며 살아가게 될 것이다.

제시의 피난 생활

1939년 3월 4일, 유주

저녁엔 유주에 들러 잠깐 머물고 있는 '한국광복진선청년공작대' 주관의 '위로항적부상장사유예대회(慰勞抗敵負傷將士遊藝大會)'가 열리는 날이었는데 제시도 같이 갔다.

'한국광복진선청년공작대'는 임시 정부의 군무부장을 지낸 노백린 장군의 아들 노태준이 단장으로 작년 10월에 만들어졌다. 유예회를 구경하던 제시는 어린이들의 무용을 보고 좋다는 표정을 하는 것이었다. 독창이나 합창이 들리면 제시 아가도 같이 노래를 부르듯이 '에-에-' 소리를 길게 내면서 구경을 했다.

1939년 3월 14일, 유주

유주 성시(城市)를 떠나 이르는 곳이 시골이므로 기회가 속히 있을 것 같지 않아서 제시를 안고 나가 사진을 찍었다. 사진관에 가서 의자에 앉혔더니 보이는 것이 모두 새것들이라 두리번두리번거리며 만져 보고 툭툭 쳐 보기도 하며 아주 좋아하는 것이다.

제시가 아침부터 입으로 '뿌우-' 하며 침을 뱉기에 못된 버릇이 새로 생겼는가 했더니 저녁에 입에 물고 있는 장난감 소리가 이상히 들려 손으로 잇몸을 만져 보았더니 왼쪽에 아랫니가 하나 나기 시작했다. 그래서 침을 뱉어 버리던 모양이었다. 기념할 만한 일이다. 이제 자신의 힘으로 먹기 위해 하나씩 하나씩 준비를 시작해 간다.

태어난 지 256일(여덟 달 보름)을 맞은 제시
(손에 든 장난감이 아버지가 사다 준 제시의
첫 장난감, 태극선 모양 딸랑이다.)

이제 아이가 씹는 것은 음식물뿐만은 아닐 것이다. 교과서 속 지식을 씹고, 세상 속의 다양한 사람들의 다양한 모습을 한데 섞어 다져 가며, 때로는 기가 막히도록 이해되지 않는 사람들과 세상의 이중성을 씹고, 성공과 실패로 나누기에는 너무도 복잡한 세상살이를 꼭꼭 씹어 가며 제시 자신의 살로 만들어 갈 것이다.

이 하나를 갖게 된 제시가 얼마 전엔 짝짝꿍을 하더니 오늘부터는 죄암죄암을 하고 있다(8개월 10일).

1939년 3월 26일, 유주

제시는 감기를 상당히 얻어 든 모양이다. 꿀넝꿀넝(쿨럭쿨럭) 기침을 하며 콧물을 흘릴 뿐 아니라, 눈도 또한 찝찔함이 좀 염려되어 성재 선생의 약 처방대로 한 첩을 다려 먹였다. 약이 어찌 쓰고 매운지 울며 못 먹겠다는 것을 억지로 삼사 차례나 먹였는데, 자기의 의지에 반해서 약을 먹였다고, 한참 동안 젖도 안 먹고 그저 울고 있는 것이 보기에 퍽이나 안되었다.

자신의 의지가 꺾어지면 그렇게도 아이들이 화를 내고 울어 대듯이 각자 자기 주장이 다른 중국의 우리 교포들 모임은 제각기 자기의 목소리만 목청 높이 질러 대고 있다.

함께 어울려 노는 사이 좋은 동무들과 같이 하나로 뭉쳐 우리의 독립을 쟁취할 수 있다면 얼마나 좋겠는가.

하지만 모두 순간의 욕심을 위해 더 길고 큰 목표를 바라보지 못하고, 제 목소리를 높이고 있다. 용서와 화해를 잊은 채, 당파니 사상이니 하는 서로 간의 차이에 대한 옹졸함과 자존심, 그리고 이기주의에 휩싸여 불평하고 질투하기에 열정을 불사르고 있다.

낯선 나라에서 함께 고생하는 동포들이 겨우 세상에 눈을 뜬 제시의 모습을 닮은 것 같아 우는 제시의 목소리와 함께 안타까운 마음에 사로잡힌다.

1939년 4월 5일, 유주

아침의 날씨는 좀 추운 듯하지만 푸른 하늘에 옅은 구름이 여기저기 흩어져 있었다.

제시의 기분도 퍽 경쾌한 모양이다. 그래서 연하여 '에-'의 노랫가락과 '얼널널-'의 말솜씨가 자주 흘러나오고 있다. 일기가 맑은 만큼 공습경보가 울리지 않을까 조마조마한 마음으로 언제고 나갈 준비를 하고 있었다. 하지만 오늘은 아빠의 기념일이라 해서 오래간만에 만투*를 만드느라 분

---

* 만투: 우리가 요즘 먹는 만두는 중국에서는 '교츠', 즉 교자라고 하는 것으로 반죽 속에 속이 들어 있는 것이다. 중국에서 '만투'라고 하면, 우리가 알고 있는 찐빵으로 식사 대용으로 사 먹기도, 또 집에서 해 먹기도 하는 먹음직한 음식이다. 호물호물한 맛이 일품인 만투는 쌀가루를 물에 불려 반죽해서 하루 정도 놓은 다음(이때 누룩을 넣고 부

주했다. 다행히 경보는 나지 않았다.

오늘 하루를 평안히 지내게 되었으니 얼마나 다행스러운지 모른다.

1939년 4월 6일, 유주

일기는 아주 봄날이었다. 아침 열한 시경에 경보가 울려서 전과 같이 교외로 피난을 갔었다.

마침 오늘은 한교 일행 사십여 명이 중경을 향하여 떠나는 날이다. 이미 중국 정부 각 기관이 일찌감치 중경에 자리하고 있고, 김구 선생님과 우리 원로 국무위원들도 중경에 자리를 잡고 계시다. 제1, 제2의 두 차례 버스가 일행을 싣고 떠나가므로 쓸쓸하기가 짝이 없는데, 그 느낌을 어린 제시도 느끼는 듯했다. 더욱이나 피난을 갈 적마다 안아다 주고 얼러 주며 고맙게 하던 *성엄 부인 *정정화 씨가 없으니 더욱 쓸쓸한 듯하다.

1939년 4월 8일, 유주

일기는 명랑치는 못하고 바람이 좀 불어서 늦은 봄날 같다. 아침 열 시에 경보가 나서 피난을 갔다 들어왔는데 곤히 자고 있는 제시를 들쳐 안고 나갔다 들어와서 그런지 공연한 억지를 쓰고 있다.

피난 내왕 도중에는 여러 남녀노소가 애가 예쁘다며 '호량아, 호칸디야, 호량아(예쁘다는 중국말)' 등의 말로 서로 다투어 칭찬이었다.

오늘은 웬셈인지 제2차 경보가 2시 반쯤 났다가 한 시간 만에 해제되고 다시 한 시간도 채 못 되어 오후 네 시경에 3차 경보가 또 났다. 세 번이나 피

풀린다.) 솥에다 시루를 놓고 쪄서 호물호물해질 때까지 한 15분 정도 찐다. 그러면 중국식의 '만투'가 완성된다. 이 만투에 좁쌀로 만든 조밥이면 중국 사람들의 아침 식사가 되곤 한다.

난을 갔다 온 셈이다. 그때마다 야외로 피난을 가서는 창가 연습도 하고 이야기도 했는데, 제시는 창가를 할 때면 같이 '이, 이, 이-' 하는 소리를 높고 또 낮게, 또 깊게 부르고 있는 것이다.

저녁에는 하루 종일 피난 다니느라 더럽혀진 몸을 대강 씻어 줬더니 아홉 시나 되어서야 노곤히 꿈나라로 여행을 가고 말았다.

1939년 4월 15일, 토요일, 유주

일기가 좀 개려는 듯 봄바람이 부는 토요일이다. 종일 집 안에서 지내던 우리 식구 세 명은 저녁에 공원으로 산보를 가려고 나오다가 용성(龍成)중학교 여학생 주최로 '구망극사'에서 연극을 한다는 광고를 보았다. 흥미 있는 일이었다. 중국에 체류한 지 오 년여가 넘었지만 한 번도 중국의 연극은 본 적이 없다. 우리는 중국 여성들의 연극 솜씨를 구경하기 위해 참석하기로 했다.

기대감을 갖고 공연장에 찾아 들어간 후, 공연 시간에서 한 시간 반이나 지나서야 겨우 시작했는데 기다리는 동안에 너무나 지루해서 관중석에서는 때때로 박수가 울려 나오곤 했다. 박수 소리를 들은 제시는 기분이 좋아 쉬지 않고 박수를 같이 치며 갖은 재롱을 부려 도리어 옆에 앉은 손님들에게서 칭찬을 많이 들었다. 기다리는 동안 우리 제시가 대신 볼거리를 제공한 셈이다.

하지만 어린 아기라 많은 사람들이 모여 있는 극장의 공기도 신경 쓰이고, 제시의 위생 관계를 생각해서 조금 보다가 돌아오고 말았다. 중국 땅에서 보는 첫 연극이라 자리를 지키고 싶은 생각에 아쉬운 면도 있었다.

요즈음 제시는 엄마 젖을 먹으면서 맛이 좋다고 종알거리는 것, 장난감을 주면 굴려 보고 던져보는 것, 자다가도 엄마가 옆에 있는가 더듬어 보는 것, 그리고 원하지 않을 때 소변을 보이려 하면 다리를 뻗으며 기저귀를 풀지 못하게 하는 등 날마다 새로운 모습을 보여 주고 있다.

1939년 4월 19일, 수요일, 유주

오늘도 장맛비는 여전히 오락가락하고 있다. 벌써 이 개월 전부터 유주를 떠나간다 하는 것을 오늘 아침 떠나는 것처럼 전해지더니, 또 여의치 못한 모양이다. 또 한 날을 묵게 되는가 보다.

제시는 아침부터 비 내리는 것을 구경하자며 문 밖으로 나가자고 야단이다. 떼를 쓰기 시작하면 좀처럼 그치지를 않는다. 그쳤다 내렸다 하는 요즘의 비처럼 좀처럼 종잡을 수 없는 게 바로 우리 앞의 정황이다.

다시 떠나는 피난길

1939년 4월 22일, 토요일, 의산현에서

유주에서의 생활은 오늘로 안녕!

오 개월이나 우리 아가를 키워 주었던 지방이다. 생전 처음으로 인류의 잔악상을 체험했던 유주, 일본인의 악독한 행동은 잊을 수가 없다. 공습경보가 나자 피난 가던 장소들.... 더운 지방이라 대나무가 우거진 숲속으로, 이것도 안전치 못하다 하여 평지 공동묘지로 가서 비행기가 오면 무덤 옆에 드러누워 비행기의 행방을 지키던 일들, 유주에서의 기억은 잊을 수가 없다.

그리고 오늘 서촉(西蜀, 사천성)을 향해 여행길에 오르게 됐다. 우리는 하북(河北)에 살았기 때문에 '유강(柳江)'을 건너야 했다. 교통편은 중경에 가 있는 김구 선생님이 중경의 중국 교통부와 중앙 당부와 교섭하여 보내신 버스였다.

오전 열 시쯤, 유강을 건너 '낙군사(樂群社)' 맞은편에 있는 '하남 교통부 서남운수공사' 정거장으로 가서 모든 행리를 버스 안으로 옮겨 실었다. 일행은 이십삼 인쯤 되었다. 오후 1시 반에서야 고동 소리를 두어 번 내며 출발하는 버스에 몸을 싣고 거의 이천오백 리(십 리가 사 킬로미터이니, 천 킬로미터인 셈이다.)나 되는 험악한 산토의 원행을 시작하는 첫걸음을 떼었다.

광서성의 깎아 세운 듯한 기묘하고 험악한 산세가 핑핑 돌아가는데 왼쪽으로, 혹은 오른쪽으로 길이 만들어진 대로 깊고 높은 산길을 달리고 있는 버스 안에서 우리 일행은 상쾌한 기분과 동시에 위험을 느끼는 조마조마한 마음으로 작은 소리 하나 내지 못했다.

산과 산 사이에 간신히 달려 있는 듯한 논밭에는 어느덧 보리가 다 익어서 거두어졌고, 밀이 누렇게 익어 있었다. 메밀꽃이 눈부시도록 피어서 만발한 경치와 천산만야에 울창하게 우거진 녹음방초, 농부들의 논밭을 경작하는 분주한 모습이 어울려서 훌륭한 한 폭의 그림을 만들고 있었다. 이러한 경치를 처음 보는 제시도 몹시 유쾌한 모습이었다. 언제나 안고 들추어 주는 것을 무상의 만족으로 여기던 제시는 흔들흔들 춤을 추는 자동차 안에서 좋다고 외마디 소리를 연발하고 있었다.

태양이 거의 서산머리에 이르렀을 때, 일행을 태운 1224호 버스가 의산(宜山)현에 도착되었다. 오늘 행로는 240여 리였다고 한다. '의산성' 내의 '향운 여점 21호' 방에 자리를 잡고, 비로소 반나절 동안 차 안에서 시달린 몸을 쉬게 되었다.

1939년 4월 24일, 월요일, 귀주성 독산

오늘의 행정(行程)은 470여 리나 되는 먼 길이기에 이른 아침 떠난 차는 가장 높은 속력으로 기운차게 달음질친다. 새벽에 비가 적지 않게 내린 만큼 먼지가 일지 않아 퍽이나 기분이 깨끗했다.

버스 여행이 계속되면서 우리는 이 생활에 저마다 적응해 가고 있다. 도중에 시내에 들를 때마다 빨래를 하고, 다시 차로 돌아오면 버스 안에 노끈을 매어 놓고는 빨래를 널어 놓았다. 나 역시 똥오줌 싸는 아기 덕분에 차 안에 기저귀를 널어 놓곤 했다.

빨래를 가득 안은 우리 버스에 탄 사람들은 가족들이 딸린 임정 요인과 그 식구들, 그리고 임정과 함께 피난을 떠나는 한교들이었다. 중국의 한교들은 전쟁이 일어나자, 중국 곳곳에서 임시 정부로 모여들었다. 우리 동포들이 비상 시기에 믿을 곳은 그래도 같은 동포요, 동포들을 대표하는 임시 정부였다.

어느 날부터인가 우리 버스에는 우리 교포 외에 낯 모르는 젊은 중국 여자가 아이들을 안고 타고 있었다. 그녀가 우리 일행에 합류한 날은 유난히 피난민을 많이 만났던 날이었다. 전쟁 중이라 좀처럼 교통편을 구하기 힘들었던 중국인들은 대부분이 피난 보따리를 이고 우리가 가는 길 옆으로 줄을 서서 걸어가고 있었다. 그 여자도 중경의 친척 집으로 피난을 가는 중이던 피난민 무리 중의 하나였다. 아기를 둘이나 데리고 있던 그 여인은 고생스럽게 피난길을 걸어가다 우리 버스가 쉬는 틈을 타서 올라탄 모양이다. 아기를 안고 있기도 하고, 안된 마음에 우리는 별로 항의를 할 마음도 없어 함께 타고 갔다. 그런데 어느 날부터인가 버스 안 남자들이 그녀를 보면서 킥킥거리며 웃곤 하는 것이다. 날이 거듭되면서 버스 안 식구들은 그녀와 운전수 사이에 맺어진 일종의 계약을 알 수 있었다.

그녀는 몸을 팔고 있었다. 정조 관념이 희박한 편인 중국 여성들의 가치관으로 몸을 팔아서라도 걷기에 지친 아이들과 함께 차를 타고 가는 길을 택했던 것이다. 그녀는 나에게 우리 여성과는 다른 중국 여성의 모습을 심어 준 잊혀지지 않을 중국 여성이 되었다.

정오쯤에 다시 가느다란 빗줄기가 내리기 시작하더니 덕분에 길에 먼지는 한 점도 없었지만, 자동차 앞이 잘 보이지 않아서 곤란한 모양이다.

오후 두 시쯤 해서는 광서성(廣西省)과 귀주성(貴州省)의 접경인 '육채(六寨)'를 지나게 되었다. 이로써 거의 반 년 동안이나 인연이 깊었던 광서 땅은 그만 작별을 고하고, '귀주'라는 새로운 땅에 나의 몸을 옮겨 놓게 되었다.

귀주 땅에 들어서서부터는 광서 땅의 길보다는 좀 좋은 듯했지만 굴곡은 더 심하였다.

대부분 벼랑을 휘돌며 길이 만들어진 만큼 낭떠러지에 부서져 버린 차 흔적을 곳곳에서 찾을 수 있었다. 그 잔해들을 보는 순간, 그 속에 제시와 우리 가족의 모습이 보이는 듯했다. 길의 모퉁이를 돌 때마다 아슬아슬한 감이 없지 않았고, 이 여행이 큰 모험이라는 걸 느끼게 되었다.

날이 과히 저물지 않아 예정지인 '독산(獨山)' 현성(縣城)에 도착하여 '원동여사 제1호실'에서 밤을 지내게 되었는데 그때까지 내리는 비는 그칠 줄을 모른다. 제시는 이 괴롭고 위험한 여행 중에서도 잘 자라고 있다. 어느 날인지 몰라도 어느새 윗니 두 개가 나온 것을 찾게 됐다. 고생스러운 여행 중이었는데도 기특하다.

1939년 4월 25일, 화요일, 귀양

아침 7시에 다시 버스를 타고 떠나게 되었는데, 오늘은 귀주 도성인 '귀양'까지 360여 리를 달릴 요량으로 운전수는 부단한 노력을 하는 모양이다. 귀주의 산세는 광서 지방과는 많이 다르다. 광서 지방 산은

모두 송곳 끝 모양으로 뾰족뾰족한 돌산이었는데 이곳 귀주 지방은 돌
산이면서도 마치 우리나라 산처럼 살진 맛이 있다. 그리고 광서에 비
해서 수림도 무성하다.

　'귀정(貴定)'이란 곳을 조금 지나서 '삼강구(三江口)'라는 곳에 도착했
다. 다리가 완성되지 않아 배로 버스를 옮겨 싣고 건너야 했기에 두 시
간 이상이나 지체되었다. 어디 그뿐인가? '귀양(貴陽)'을 오륙십 리 남
겨 놓고 안가가 몇 없는 산중에서 차 바퀴가 고장이 났다. 부득이 운전
수는 뒤에 오는 차를 얻어 타고 귀양까지 가서 부속품 등 필요한 물건
을 가지고 와서 고쳐 가게 되었는데, 그사이 뒤에 오던 *동암 선생님
(차리석 선생)을 비롯한 원로 선생님들을 모시고 오던 차가 먼저 앞서게
되고, 우리 일행은 차 수리가 끝난 후인 저녁 8시가 되어서야 귀양에

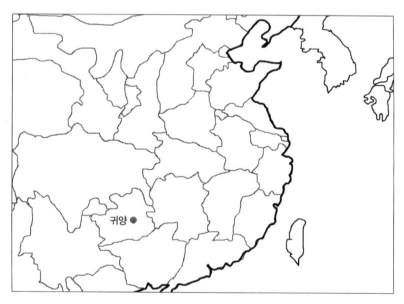

귀양(貴陽)

도착했다.

정거장까지 영접 나온 *심광식 동지의 인도로 우리 여행을 위한 임시 총사무실인 '대중화 여점'에 들렀다가 태래 여점(泰來 旅店)으로 와서 쉬었다.

1939년 4월 26일, 수요일, 귀양

차가 험악한 산길에 장시간을 줄걸음 쳤기에 무리를 했는지 다소 수리가 요구된다고 한다. 덕분에 이삼 일은 평안히 쉬게 되었다. 그래서 그 참에 '귀양'의 전 시가를 두루 구경하기로 했다.

오지 중에 오지요, 더욱이 산중에 있는 도시라 건물은 하나도 보잘것없다. 더욱이나 금년 2월 5일에 적기의 폭격을 받아 무참하게 파괴되어 전일에 좀 흥성하였다는 시가 중심지는 초토공허가 되어 버렸다.

본래 이 지방 원주민은 북미(北美)주의 토종(인디언)과 유사한 '묘족'들이다. 묘족은 '산묘'와 '숙묘'로 나뉘어 있는데 '산묘'는 아직 산 속에서 살며 자기네 방언을 하고, 의복은 피륙을 몸에 휘감고 다니며 약초를 캐 가지고 '성시(省市)'로 나와 양식과 바꾸어 먹거나, 주로 사냥을 해서 먹고사는 모양이다.

우리 일행은 여행길이 산길이라서 도중에 식사를 사서 해결할 수도 없고, 해 먹기는 더욱 번거로워서 산속에서 만나는 원주민 묘족에게 식사를 부탁해서 먹었었다.

우리가 가지고 있는 돈을 좀 내고 그네들에게 밥을 얻어 먹을 때 좀 신기한 물건을 주면 밥을 아주 푸짐하게 해 주곤 한다. 또, 특이한 것은 그들은 가루소금 대신 소금으로 된 산(山)에서 캐낸 소금 덩어리를 얼른 음식에 담갔다가 꺼내어 간을 맞추곤 했다. 우리도 그 덩어리를 좀 얻어 가지고 다녔다.

또 이들과 달리 '숙묘'는 시가에 내려와 사는데 의복, 음식, 거처, 언어를 한인들과 같이 하면서도 그 외모는 한인과 완전히 다르게 생겼다. 얼굴은 둥글고 입은 넓고 광대뼈가 나왔으며, 살빛은 꺼머득한 것이다. 그들이 입은 옷은 몹시 남루했다. 근래에는 그래도 피난민으로 지나가는 사람들이 많아서 그 덕에 시(市)와 면(面)을 꾸려 나간다는 것이다.

태산준령을 그 몇 번이나 넘어오기에 일행들의 얼굴은 그을리고 검게 되었지만, 제시 아가의 얼굴은 여전히 백옥 같아서 안고 시가에 나가면 마치 까마귀 무리 중에 지나가는 해오라기 같아서 지나가는 사람마다 한 번씩 더 보며 가는 것이다.

1939년 4월 28일, 금요일, 동재

오늘 아침에야 차 수리가 다 되었으므로 운전수만 바꿔 가지고 떠났다.

'귀양'에서부터는 산길이 전날보다 더 험악했다. 여기저기서 자동차가 쓰러져 넘어진 것을 종종 보게 된다. 량풍아령(凉風啞嶺)과 같이 험악하고 높은 산은 올라가는 길이나 내려가는 길이 모두 'ㄹ'자형과 'ㅇ'자형으로 큰 동그라미, 작은 동그라미와 'ㄹ'자형을 무수히 그려 놓은 험악한 길인데, 궂은 비가 내려서 더욱이나 운전이 곤란했다. 그런 중에도 450여 리의 여정을 돌파하여 '동재(桐梓)'라는 현에 무사히 도착하여 교통 여점에서 한 밤을 지내게 되었다.

무던히나 피곤하다.

1939년 4월 29일, 토요일, 동계

아침 일찍이 행차하여 전날보다 더욱 험한 산길을 오게 되었다. '루산관(婁山關)'이라는 높고 험한 령(嶺)을 조마조마한 가운데서 거의 다 지나다가, 올라오는 차를 피하려 갑자기 움직인 버스는 내리는 비에 젖은 길이라 미끄러지며 차가 산 쪽 도랑에 빠지면서 산 바위에 부딪혀 넘어졌다. 순식간의 일이었다.

깨어져 내려오는 유리창 소리와 차체에 돌이 부딪히는 소리에 머리카락이 위로 올라가고 등에 땀이 흘러내렸다. 그 바람에 곤히 잠자고 있던 제시가 외마디 울음소리를 터뜨리며 깨어났다. 정신이 아득한 순간이었다. 그러나 일행은 무사하였다. 놀랐을 뿐 상처 입은 사람은 없었다. 즉시 공로(公路) 일꾼들 육칠십 명을 불러다가 끌어내어 바로 세우는 데 네 시간이나 걸렸고, 부리던 짐을 다시 차에 옮겨 싣고 간신히 '동계(東溪)'라는 곳까지 와서 투숙하게 되었다. '영화 여점'에서 오늘 밤을 지내고 있다.

아직까지도 가슴이 뛰는 사고를 겪은 우리에게 남은 여정은 백여 리나 된다.

1939년 4월 30일, 일요일, 기강*

---

* **기강**: 사천성 남쪽 끝에 위치하고 있다. 사천성의 남부는 한겨울에도 영하로 내려가는 일이 드물고, 겨우 물독의 물에 살얼음이 어는 정도였다. 기강은 이러한 사천성과 귀주성의 접경 지대에 있으며 곧장 삼십여 리를 위로 올라가면 바로 '중경'이다. 기강에서는 임시 정부 가족 백여 명이 '태자상'에 모여 공동생활을 하고 있었는데 조소앙, 양우조(양묵), 홍만호 세 가구는 양자강 건너 기강 맞은편의 중국집을 얻어서 살았다.
기강 시절, 중일전쟁이 2년 가까이 계속되면서 일본군의 진격의 기세도 둔화되기 시작했고, 전쟁은 장기전의 양상

79

아침 아홉 시경에 삼사 삭(朔)동안 동경하여 오던 곳, 동지들이 만만으로 주선해 온 목적지인 '사천성 기강'에 도착했다. 유주를 떠난 지 7일째 되는 날이었다.

우리는 이미 우리 일행의 숙소로 정해 놓은 '태자상(台子上)'이라 이름하는 큰 집으로 인도되어 행리를 챙겨 들고 갔다. 태자상은 이전에 관공서 건물이었던 곳으로 조그만 방들이 많이 있었다. 그곳에서 각자 방을 하나씩 차지하고 공동생활을 하기로 되었다. 임정 일행을 위해 사천성 정부가 내어 준 집이었다.

하지만 방이 너무나도 좋지 않아 우리 가족은 *현종화 모자(母子)가 있는 객처에서 3일간 지내기로 했다. 그러나 객처 또한, 벼룩 때문에 온 가족이 뜬눈으로 밤을 새우고 말았다. 제시는 가렵고 아프다고 울기만 한다. 아가의 몸이 벼룩한테 빈틈없이 뜯기었다. 설상가상(雪上加霜), 제시는 감기까지 들려서 큰 고생을 하고 있다.

을 띠기 시작했다. 오랜 피난살이에 지쳐 있던 동포 사회와 임시 정부의 분위기는 점점 안정되어 가며 따뜻한 기운으로 바뀌어 가고 있었다.

제시 아버지, 양우조의 수첩

1934

2

그래도
희망을
가슴에 품고

濟始의 日記

할아버지 '양우조'의 유물 가방

기강 땅의 제시

1939년 5월 3일, 기강

여러 방면으로 불편과 불안뿐인데 하루가 한 달 같고 지루할 뿐이다. 더욱이 제시는 견디기가 힘든 모양이다.

그리고 마침내 오늘, 백방으로 노력한 끝에 양자강 건너편으로 옮겨 오게 되었다. 이 집도 미리 얻어 놓은 집이었는데 퍽 조용하고 청소를 잘 하면 깨끗이 지낼 수 있는 곳이었다. 게다가 인가가 드문 간편하게 된 시골집이었다.

*조소앙 선생댁과 *홍만호 선생님이 앞뒷방에서 같이 살게 되었는데, 홍만호 선생님은 넓은 앞방이고, 우리 세 식구는 좀 아늑한 뒷방을 차지하게 되었다(임시 정부 가족 백여 명이 '태자상'에 모여 공동생활을 하고 있었는데, 조소앙, 양우조(양묵), 홍만호 세 가구는 양자강 건너 기강 맞은편의 중국집을 얻어서 살았다.). 이로써 '신가자(新街子)'라는 마을의 한 사람으로 자리잡게 되었다.

제시도 밤이면 잠도 편히 자고, 벼룩에게 괴롭힘을 덜 당하니 울지도 않아 감기도 많이 좋아졌다.

사천성 기강

1939년 5월 17일, 기강

우리가 머무르고 있는 기강은 시골이다. 그곳에서도 우리 식구들이 기거하고 있는 곳은 강의 건너편이라 아예 인가가 드문 산골이라 함이 적당한 표현일 것이다. 그래서 장을 보러 가려고 해도 목선을 타고 양자강을 건너가야 했다.

하지만 제시는 집 주위의 자연적인 환경을 좋아하는 듯하다. 제시는 집 근처의 병아리, 오리, 염소들을 매일 보고 싶어 하는데 멀리서 볼 때에는 좋아하는 듯하지만 병아리를 손에 올려 놓아 주면 질겁을 한다. 오늘도 아빠와 강변에 나가 물 구경을 하고 나서, 풀밭에 모여 있는 염소 있는 데로 안고 갔더니, 제시는 '이이-' 하며 무서워 우는 표정이었다고 한다.

그래도 아직 어린 아가라 집에서 보내는 시간이 많은 제시는 벌렁벌렁 팔

방도리를 하며 마음껏 기고 싶어 하는 모양이지만 일인용 침대가 두 개 놓여진 주방을 겸한 방바닥은 더욱이 흙바닥이라 기어 다닐 수도 없었고, 무엇이든 짚고 일어서 보려고 하지만 잡을 의자 한 개도 변변히 없는 사정이라 아가의 발육이 자연 늦어질 듯하다.

하지만 이 시골에선 의자 하나, 탁자 하나라도 만들기 전에는 살 수조차 없는 곳이다. 장만해 주고 싶지만, 피난 도중이라 별도리가 없다.

1939년 6월 5일, 기강

제시는 어제 온종일 열이 올라 내리질 않을뿐더러, 설사도 하며 몹시 괴로워했다.

'영아자기편(Babies Own Tablets)'을 서너 차례 먹여 보았는데 마지막 두 번은 다 토해 버리고 말았다. 영아자기편은 중국에서는 어린이 상비약으로 널리 알려진 약이다.

그 뒤로는 잘 놀지도 않더니 저녁엔 그럭저럭 지내고, 오늘 아침엔 조금 나은 듯하나 여전히 좋지 못하다. 갑작스럽게 변한 기후 탓도 있겠지만, 흰죽을 먹기 시작한 지 몇 날이 못 되는데 죽에다 소고기 장조림 간장국물을 넣어 먹인 것이 잘못된 것이 아닌가 하는 염려도 든다. 이곳에서 장조림은 손쉬운 반찬이다. 소고기보다는 돼지고기 장조림이다.

이따금씩 한교 청년들이 모여 소를 한 마리 잡아 그 고기를 동포끼리 나누어 장조림을 만들어 먹었지만, 사천성에서는 소를 보기가 힘들다. 이곳 사람들은 소를 잡아먹지 않기 때문이다. 그 대신 돼지를 방 안에서 기른다. 돼지랑 같이 자기도 하고 똥도 치워 주면서 기르다가 내다 팔거나 잡아먹거나 한다. 특이한 풍습이다. 그래서 시장에 가면, 돼지고기나 돼지고기를 넣고 만든 음식이 즐비하다.

중국 시장에 나가면 돼지뿐 아니라, 조선에서 먹던 것과 비슷한 식품들이 즐비해 있어 식생활에 있어서는 편한 편이다. 된장 고추장은 물론 시금치, 콩나물, 숙주나물 등 비슷한 재료들이 즐비해 있어서 밥과 국을 끓이고, 반찬을 만들기에 수월하다. 우리나라 고추보다 작고 반원 모양을 그리고 있는 중국 고추는 조금만 넣어도 매운 맛을 내어서 양배추에 중국 고추를 넣어 김치를 해 먹을 수도 있었다. 또, 어느 시장에 가도 값싸고 손쉽게 살 수 있는 국수에 매콤한 중국장을 넣어 비벼 먹기도 자주 한다.

시장에 나와 있는 채소들 중에는 고향의 들에 피어 있던 이름 모를 풀들도 끼어 있었다. 들판을 뛰어다니며 놀면서도 만져만 보고 낯만 익었을 뿐 먹을 생각을 하지 못한 풀들이었는데 이곳에서는 먹는 모양이었다. 몸에 좋은 것이라면 다 먹는 중국인들이기에 독한 것도 다 먹는 것 같다. 다양한 재료를 가지고 있는 중국 음식 중에서 그래도 고향에서 자주 먹던 '도라지'나 '고사리'는 이상하게도 한 번도 본 적이 없다.

중국의 여기저기를 돌아다니다 보니 넓은 중국 땅의 다양한 지역적 특색을 조금은 알 것 같다. 중국인들은 '소주'에서 태어나서 '항주'에서 살며, '광주'에서 먹고, '유주'에서 죽는 게 소원이라고 한다. 그 이유는 '소주'는 방직 공장이 많아 옷감이 좋아서 좋은 옷을 걸칠 수 있기에 태어나기에 좋은 장소이고, '항주'는 풍경이 수려하기에 사는 걸 즐길 만하고, '광주'는 열대 과일과 요리로 유명하며 '유주'는 이 아름드리 나무가 많아 관을 잘 만들기로 유명하기에 죽기에도 좋다는 설명이다. 저마다 출신 지역에 따라 성격도 다르고, 특색도 천차만별인 중국인의 소원답다.

'상해'에서 시작하여 중국 대륙의 한복판인 '호남성 장사', 남쪽 끝인 '광동성 광주'를 거쳐 서북쪽 '광서성 유주'를 돌아 다시 서쪽 구석인 '사천성 기강'까지. 우리는 중국인의 부러움을 살 만큼 중국 여행을 다닌 셈이다. 비록 피난길이기는 하지만 말이다.

1939년 6월 7일, 기강

책을 보면 책장을 찢어 버리려고만 하던 제시가 언제부터인지 책을 들고 읽는 흉내를 내고 있다. 그뿐만 아니라, 크거나 작거나 머리빗을 보면 으레 들어다가 앞머리와 뒷머리를 빗기 시작한다. 그러고는 좋아하고 있다.

약 일주일 동안 콧살을 찌푸리며 웃던 버릇은 이제 그만두고, 오늘부터는 입을 크게 벌리고 머리를 뒤로 젖히며 크게 웃는 새 버릇이 생겼다. 누구를 보고 따라 하는 건지.... 아무도 가르쳐 준 사람이 없기에 하는 말이다.

하루하루 달라져 가고 있는 작은 몸짓과 표정, 신체의 변화와 감정의 표현들. 제시가 어른이 되었을 때, 그 변화들을 하나하나 기록해 가면서 느꼈던 엄마 아빠의 대견함을 알 수 있을까? 몸짓과 옹알거림. 그 하나하나의 의미가 우리에겐 얼마나 신기하고 소중했던지.

한 아기가 어른이 되기까지는 시간의 이르고 느림을 제외하면 어쩜 똑같은 과정이 되풀이된다고 할 것이다. 하지만 우리 아기만이 아닌 다른 아기들도 똑같은 몸짓과 표정을 한다고 해도 그 미묘한 변화와 새로움은 부모된 이들에게는 너무도 다르게 느껴진다.

제시가 언젠가 인생의 좌절에 부딪힐 때 우리에게 제시가 지녔던 소중한 의미를 기억해 냈으면 좋겠다. 그리고 자신이 세상에서 얼마나 소중한 존재인가를 떠올릴 수 있다면 좋겠다.

언젠가 제시가 이 일기를 발견했을 때, 나는 제시가 얼마나 사랑받았는지, 부모된 이와 주변 사람들에게 얼마나 큰 기쁨을 주었는지를 느낄 수 있기 바란다. 그리고 그 기쁨을 계속 전하는 사람이 되어 가기 바란다. 제시의 작은 몸짓과 표정이 우리에게 주었던 그 의미만큼 제시 자신의 행동과 표정이 다른 이에게 줄 수 있는 무한한 의미를 깨닫기 바란다.

1939년 6월 21일, 사천성 기강

오늘은 음력 5월 5일 단오절(端午節)이다. 중국 땅 어느 곳을 막론하고 단옷날엔 강(江)에서 용선(龍船)을 타고 '굴원(屈原, 중국 땅 초나라 사람)'의 혼을 건지는 행사가 다채롭게 펼쳐진다. 이런 풍습은 이곳 '기강'에서도 '용주놀이'라 하여 굉장하다고 한다. 그러나 지금은 전쟁 중의 비상 시기라 모두 금지가 되고, 중국 애들의 놀음하는 북소리만 멀리서 들려오고 있다. 전쟁이 무엇인지 지금 우리에게 남은 것은 그날그날의 안전뿐이다.

제시는 세상에 나온 후 처음으로 맞이하는 단오 명절인지라 의미심장하련만, 오늘은 그저 평범할 수밖에 없다. 그러나 전에 드물게 어른들은 소고기와 수육을 준비해서 식사를 같이 했다. 저 북소리와 같이 그날그날 우리 심장의 고동 소리를 확인하며 마음을 졸이고 있다.

1939년 7월 3일, 사천성 기강

날씨는 무더운 셈이고, 비가 오려는지 모기가 온종일 맹렬하게 활동하고 있다. 집 앞마당엔 잡초와 나무가 무성하고 뒤뜰에도 마찬가지에

다 또 밭까지 있었다. 주위 환경이
모기가 번식하기에 알맞은 것이다.

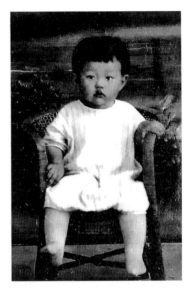

친구들이 많은 모기는 제시 아가
를 제일의 공격 대상으로 삼자는 소
문을 퍼뜨렸는지 요새 들어 제일 괴
로운 희생양이 되고 있다. 오전에
모기가 제시의 발에 내려앉아 물려
고 하니, 앉아서 잘 놀던 제시는 갑
자기 야단을 치며 피를 빠는 모기를
쳐 보느라고 발을 몇 번이나 쳤다.

첫돌을 맞이한 제시

피를 빠는 모기를 보니, 본토의
동포들 생각이 난다. 피를 빨리듯, 있는 것 없는 것 다 빨리고 있을 괴
로운 고향의 동포들. 모든 것을 다 빨린다 하더라도 가슴속의 독립을
갈구하는 정신과 역사 내내 이어져 온 우리 민족의 정기만은 빨리지
않아야 할 것이다.

1939년 7월 4일, 사천성 기강

과연 세월이 흐르는 물 같아서 어느덧 제시의 첫돌이 돌아왔다.

기강에 우거하는 우리 남녀노소는 거의 전반적으로 이날을 다 기억
하고 축하해 준다. 그만큼 어린아이가 귀한 탓이다. 아쉬운 대로 음식
을 준비하였다가 오시는 손님들에게 유감없이 대접하였다. 옷가지도
얼마 들어왔고 또 처음으로 제시의 재산도 십여 원이나 생겨서 그것을
근본으로 하여 저금을 해야겠다고 엄마는 제의한다.

돌에는 엄마가 가장 애쓴 만큼 가장 축하받고 즐거웠으면 한다. 오늘 엄마는 분주하였지만 별로 유감없이 지낸 모양이니 이것으로라도 만족타 하자!

1939년 7월 27일, 사천성 기강

어제도 반날 동안은 비가 내려서 별도 더운 줄 모르고 지내었더니 오늘도 아침부터 비가 내려서 서늘한 날씨가 과연 지낼 만하다.

어제는 엄마가 제시의 귀를 씻어 주는데 어찌나 재미가 있는 모양인지 움직이지도 아니하고 끝까지 누워서 좌우편 귀를 다 청소하고 나서도 오히려 부족한 느낌이 있어 했다. 언제나 귀를 만져 주면 좋아한다.

그 귀가 늘 열려 있기 위해서라면, 언제고 깨끗하게 청소를 해 주리라. 귀 기울이는 제시의 귀에 포탄 소리와 경보음 소리가 아닌 고향 산천의 새소리와 바람소리, 흥겨운 아낙네 창가 소리, 소복소복 속삭이는 정다운 이야기 소리들이 들리도록 해 주고 싶다. 그리고 그 소리 가득 울리는 제시의 작은 귀를 언제고 만져 주고 싶다.

1939년 8월 3일, 사천성 기강

연중 가장 더운 때이니만큼 실내 온도가 화씨 79도를 오르내리고 있어 더위가 어지간하다. 오늘에서야 비로소 어머니의 여러 날 동안 수고로 지어진 제시의 신 한 켤레가 완성됐다. 중국식 헝겊신이었다. 중국에서는 어느 여자든지 신발만은 손수 지어 신는 풍속이 있다. 우리네 교포들도 그 기술을 배워서 잘 만들어 신고 다닌다.

제시는 신을 얻어 신고 어찌나 좋았던지 날 것처럼, 달음질을 칠 것처럼 좋아하면서 비로소 걸음마를 시작했다.

1939년 8월 5일, 사천성 기강

요즈음은 신을 처음 얻어 신은 만큼 제시는 매일 열심으로 걸음 연습을 하고 있다.

이제는 손을 잡고는 방 안 주위를 두 번이나 돌고, 혼자서는 두어 발자국을 옮겨 놓고는 넘어질까 봐 앞으로 두 손을 내뻗치며 도움을 부르짖는다. 때로는 나지막한 작은 의자 위에 앉아서 제법 어른처럼 자세를 바르게 하고 있고, 앉아 있던 의자를 들어 옮겨 놓기도 하고, 의자를 엎드려 놓고 놀기도 하는 등 온갖 재롱을 피우고 있다. 걸음을 떼게 되자 노는 모습이 더 다양해졌다.

어제서야 제시의 중량(몸무게)과 키를 재었는데 저울이 정확지 못하여 중량은 불분명하나 키는 서양의 측정 기준으로, 이척오촌칠분반(二尺五寸七分半)으로 발에 뭐 신은 것 없는 정확한 키다. 처음 낳을 때나 그 후에도 한 번도 키를 재어 본 일이 없으므로 이것이 제시의 처음 알려진 키다. 이척오촌칠분반! 제시는 기쁨과 위로를 수시로 꺼내어 주는 이척오촌칠분반 크기의 커다란 복주머니다.

1939년 8월 29일, 사천성 기강

오늘은 망국기념일이다. 지금부터 이십구 년 전에 우리나라는 억울하게도 일본과 합방하였다. 침통하게 이날을 기념하는 지도 벌써 이십구 회째!

해마다 이날이 되면 모두 모여 치욕을 되새기고 앞으로의 각오를 새롭게 하고 있다.

제시에게도 벌써 두 번째 맞이하는 기념일이었다. 나라를 되찾고 독립기념일을 맞이할 날이 언제일지....

1939년 9월 16일, 사천성 기강

일기는 우기가 되어 가는지 어제부터 흐린 일기가 비도 채 오지 않았지만 추위가 느껴지는 완연한 가을날이다.

제시는 벌써 전부터 바구니를 들고 있다. 제시는 채소 사려고 강가에까지 나가는 것을 퍽 좋아하여 제가 앞서서 바구니를 들고 간다. 이 강은 양자강 상류로 여전히 양자강이라 부르는데, 소형 목선에 채소 등 필수품을 약간 싣고 성시의 판매점에 넘기러 가는 배이기 때문에 상류인 이곳에서 정선(停船)하기도 한다. 그러면 이때를 이용해 싱싱한 채소를 구할 수 있는 것이다.

오늘은 채소를 사러 나갔다가 비석이 서 있는 곳을 지나게 되자, 무에라고 다수 쓰여져 있는 글자들을 손가락으로 짚어 가며 읽는 모양을 한다. 글자뿐 아니라 이제는 제법 제 몸에도 익숙해져서 코가 어느 것인지 손과 발이 어느 것인지도 잘 알지만, 입과 눈은 분명히 지적하지 못하고 코에서 좀 위로, 좀 아래로 가리키고 있다.

1939년 9월 27일, 사천성 기강

오늘은 추석날이다.

작년 오늘은 '광동성 불산'에서 지내게 되더니 금년엔 이곳 기강에서 지내게 된다. 내년은 어디서 지내게 될는지.

촉지(蜀地, 삼국지에 나오는 촉나라)의 추석은 더욱 쓸쓸하여 명절의 기분이 한 점도 보이지 않는다. 두 날이나 계속되던 가을 장마가 마침내 '기강' 강물을 붉게 하고서 오늘에야 비가 개었다. 알따란 태양도 비쳤다.

제시는 여전히 귀여움을 부리며 자라고 있는데 기후 관계인지 오늘은 몸에 열이 다소 있는 것 같다. 그러더니 얼마 전, 어둑해지기가 무섭게 제시는 잠나라로 떠났다.

고향의 보름달과 같은 달을 보니, 그 동그란 구멍을 통해 부모님이 계신 고향을 다녀올 수 있을 듯한 생각이 든다. 아주 푸근하고 둥근 구멍이 하늘에 걸린 그런 날이다.

1939년 10월 10일, 사천성 기강

오늘은 중국의 국경일인 쌍십절이다. 1911년 10월 10일 혁명군이 '무창'에서 봉기하여 청조를 넘어뜨리고 이천 년이나 계속된 중국의 전제정치를 끝내며 '중화민국'을 세운 날이다. 그래서 큰 거리의 집들은 모두 국기로 단장하고 길거리에는 사람들이 북적이는 것이 곳곳에 인산인해가 되어 있으며, 또 도처에 포스터가 많이 붙어 있는데 그 의미를 보아서 전시인 것을 넉넉히 증명할 수 있다.

제시는 삼 일째 설사를 하더니 오늘은 감기까지 겸한 모양인지 콧물을 줄줄 흘려 밤에는 줄곧 신음하는 소리까지 내고 있다. 하지만 어린애가 되어서인지 명절 분위기에 낮에는 곧잘 다니며 놀고 있다. 그런 아이를 잡아 약을 먹이려고 수건을 턱 밑에 씌워 주려고 하면 앙탈을 하다가도 예쁘다고, 착하다고, 용하다고 얼러 주면서 먹여 주면 안 먹겠다고 야단을 하지 않고 받아먹지만, 진저리를 치며 싫어하고 있다.

약을 안 먹겠다고 억지를 쓸 때면 꼭 '엄마야, 아빠야.'를 번갈아 가며 소리친다. 꾀가 보통이 아니다. '엄마야, 아빠야.' 소리에 마음이 약해질 것을 아는 모양이다.

1939년 10월 21일, 사천성 기강

아직까지도 제시의 배탈이 완쾌되지 않아 다시 약을 사다 먹이는 중이다.

이번 약에 효험이 있어서 완치되었으면 하고 기대하고 있다. 오늘도 약과 과자, 그리고 설탕을 사 가지고 오는 것을 보고 마중 나가며 머리에 손을 얹고 앉았다 일어나는 경례를 하였고, 그 후에도 잘 먹었다고 몇 번이나 경례를 했다. 제시가 있는 이 집 안에서 보면 모든 것이 평화로울 것 같고 따사로울 것 같지만 조금만 시선을 돌려 보면, 저 창밖의 서늘스런 바람이 부는 현실은 그리 순탄하지만은 않게 흘러가고 있다.

올해는 이곳 중국뿐만 아니라, 전 세계가 전화의 그림자에 덮여 있다. 2년간 지속되고 있는 중일전쟁은 일본군의 진격이 둔화됨에 따라 장기전의 양상을 띠고 있고, 유럽에서는 독일과 이탈리아의 세력이 팽창하여 결국 8월에 독일과 소련이 서로 불가침 조약을 맺고 9월에는 독소우호 조약이 체결되어 한 치 앞을 알 수 없는 상황을 만들어 내고 있다.

소련은 중국에 대한 원조를 중단했고, 우리 임시 정부에게 원조를 하던 것도 일본과 협력 관계인 독일과 우호 조약을 맺으며 더 이상 믿을 수 없게 되어 버렸다. 소련도 이제는 적이 되어 가고 있었다.

1939년 11월 3일, 사천성 기강

*조소앙 선생 댁 노인께서, 팔십 세가 거의 된 그 어른께서 무엇 때문에 세상을 비관했는지 1일 새벽에 고요히 또 잔잔히 흐르고 있는 기강 강물 속에 늙은 몸을 던져 별세하셨다. 그 댁 식구들은 물론 전체 백여 명 교포가 괴사로 알고 의아해 마지않았다.

먼저 실종이 되었다 하여 교포들이 며칠을 찾아 헤매다가 오늘 강변 늪에서 시신을 발견하고, 이십여 일 전에 먼저 돌아가신 노마님 묘에 합장으로 장례를 지내었다.

낯선 땅에서 마나님을 잃고 나신 노인이 느꼈을 허전함과 두려움 탓이었을까? 매일매일 다가오는 내일의 의미가 없어진 때문인가? 고향 땅에 묻히는 것이 소원이었던 그분이었다. 그 소원을 스스로 저버릴 정도로 그렇게 절망하였던가? 낯선 땅에 또 하나의 슬픈 영혼을 묻고 말았다. 희망을 잃은 이의 마지막 모습이다.

제시는 함께 사는 조 선생 댁에 근일 조객들이 많은 걸 보고 무슨 경사나 난 듯이 잘 놀고 있다. 노래도 하고 자리에 누워 잔사정을 한없이 재잘거리면서.

현실 속에 삶과 죽음의 모습이 동시에 그리도 다른 갈림길을 만든 채 뻗어져 있다. 같은 시간, 그리고 같은 장소에서!

1939년 11월 23일, 목요일, 사천성 기강

여러 날 만에 명랑한 햇볕이 나는 날이다. 기분이 퍽 좋아진다. 제시는 앓고 나서인지 먹겠다고 야단이다. 갖은 재롱이 더 늘어 한창 재미나게 놀고 있다. 아이 기르는 것은 힘겨운 때도 많지만 역시 재미로운 때도 종종 있다. 중국 생활도 그러하다. 언어도 잘 통하지 않는 타국에서 조국의 독립을 위해서 뛰는 것은 우리의 자존심과 정신 면에서 괴로움을 겪게 되지만, 중국과 중국인들은 우리에게 호의적이고, 중국인들 또한 우리와 겉모습이 비슷해 구분이 가지 않아 그중 생활하기가 편하다. 하지만 중국인들은 우리 한민족과는 역시 다르다. 기질에 있어서 대륙성 기질을 가지고 있다. 관대한 성품을 지니고 있어 비위만 건드리지 않으면 잘해 준다. 남에게 먹을 것도 잘 갖다 주고, 배고픈 사람이 음식을 훔치면 용납지 않더라도, 배가 고프다고 사정을 하면 먹을 만큼 다 먹으라고 음식을 나눠 준다. 타산하는 성질이 없고, 의리가 있다. 배포가 커서 쩨쩨하지 않다. 기분만 좋으면 통 크게 호의를 베푸는 것이다. 한편, 아주 무던하고 질겨서 일을 잡으면 놓지를 않고 밀어붙인다. 그 성품은 복수심과도 연관이 되어 꼭 복수를 하는 성품을 낳는다. 한번은 이런 일이 있었다.

'따깅렌'이라고 밤에 치안 유지를 위해 길거리 구석구석을 다니며 징 모양의 야경(夜警)을 치고 다니는 사람이 있다. 그러고는 각 집집마다 한 달에 한 번씩 돈을 받아 가는데, 우리 집에 들른 따깅렌에게 무심코 조 선생 부인은 말도 안 통하고 잘 몰라서 그냥 가라고 손짓을 했던 모양이다. 그날 밤으로 '따깅렌 일당'이 와서 부엌 식기를 비롯해서 가족들이 잠을 자고 있던 방 밖의 물건들을 다 가지고 갔다. 그들의 비위를 건드린 것이었다. 중국인의 성품과 풍습에 익숙지 않아 생긴 변이었다.

하지만 이곳 기강에서의 생활에서도 재미는 찾을 수 있다. 한교들끼리 의지하며 한 가족처럼 정을 느끼며 살아가는 그것이 바로 사는 재미다.

1939년 11월 26일, 사천성 기강

일요일이었다. 이곳 일기치고는 과히 흉치 아니한 날이었다. 며칠 전에 남천(南川)**'이라는 곳에 있던 중국 16보충병들이 적의 포악한 횡포에 시달리다가 마침내 이곳으로 옮겨 왔다. 이곳은 본래 주택이 적은 촌 고을이라 두루할**(묵을) **장소가 문제가 되어 해 돋기 전 이른 아침부터 야단이었다.**

결국, 이 근처에도 백여 명이나 되는 군인들이 민가 빈방에 얻어 있게 됨으로써 전에 없이 많은 군인이 내왕하는 걸 보게 됐다. 그들이 가까운 공지를 이용하여 체조하는 것을 구경한 제시는 제법 '이 얼, 이 얼(중국말로 하나 둘 하나 둘)**' 하면서 흉내를 곧잘 내고 있다.**

1939년 12월 4일, 사천성 기강

날씨가 온화한 일요일이었다. 오늘이 제시의 만 일 년 오 개월 되는 날이다. 잠깐이다. 지금 제시는 키가 31인치 반이고 이는 아래위 것을 합하여 열두 개 꼭 같은 수다. 그래서 과히 굳지 아니한 음식은 제법 잘 씹어 먹고 있다. 애 재우는 장난과 문 뒤에 숨었다가 '까꾸' 하며 미소를 띠고 놀자는 장난, 진지를 잡수라면 아버지 찾으러 다니기 분주한 것, 제 손으로 음식을 흘리지도 않고 나지막한 자리를 찾아가 앉아 퍼 먹는 동작, 그리고 자주 오는 손님이 문 안에 들어서기만 하면 자리에 앉으라고 지적하며, 권하고 앉으면 공손히 경례하는 등 기술이 많이 늘었다. 쉬운 말은 다 알아들어서 데리고 놀기가 좋지만, 억지를 쓰며 심술을 부릴 때가 있어서 곤란함을 느끼기도 한다.

어른도 기분이 변하는 게 자연지산데, 어린애라고 그렇지 않을 것인가!

내일로 정기 의정원 회의가 끝이 난다. 이번 회의에서는 내각과 의정원의 개편을 단행했다.

1939년 12월 25일, 사천성 기강

월요일 성탄절이다. 날씨는 전에 없이 청명하고 온화했다. 그러나 이 깊은 산촌에 성탄절을 축하하는 행사나 감회란 있을 수 없었다. 다만 중경에서 우송되는 신문에 '성탄절이 어떠니' 하는 등의 문구가 쓰여 있을 뿐, 쓸쓸하고 외롭기 짝이 없는 나날이다.

고향에서는 성탄절이면 교회마다 성탄 예배가 떠들썩했고, 장성해서는 기독교 학교인 이화여전을 다니는 바람에 외국인 선교사 선생님들과 연극 공연을 하고 선물을 받고, 볼 것, 먹을 것이 가득한 날이 되곤 했었다. 또 성탄절 아침이면 찬송가를 부르며 집집마다 다녔다. 그야말로 흥겨움이 가득한 시간이었다.

오늘이 제시에게는 두 번째로 맞이하는 성탄절이다. 제시는 그런 성탄절 분위기를 전혀 모르며 자라고 있다. 작년에는 광서성 유주에서 지냈었다. 금년의 성탄절과 다를 게 없는 날이었다. 주변에서는 내년 성탄절을 기대해 보자고 의미 깊은 마음으로 굳게 결심하는 부모들이 있다. 성탄절의 추억을 아이들에게 만들어 주고 싶은 작은 바람이다.

쓸쓸한 성탄절 기념으로 전 식구가 사진이나 찍을까 했더니 제시 얼굴의 상처가 채 낫지 않아 그것도 여의치 못하고 연기할 수밖에 없다. 전란으로 깊고 깊은 산촌으로 다니며 자라나는 제시. 성탄절이 뭔지, 한 해가 가고 오

는 것이 뭔지, 즐겁고 떠들썩한 사람들의 들뜬 분위기가 제시에게는 낯설게
만 느껴진다. 그래도 제시는 달리기와 노래로 성탄절을 즐겁게 보내고 있다.

1939년 12월 28일, 사천성 기강

날씨는 명랑하고 태양이 고요하여 마치 양춘가절이나 만난 듯한 좋
은 날이었다. 제시도 모자를 쓰고 태양을 쪼이느라 거의 한종일을 집
앞뜰에서 이웃집 아이들과 어울려 잘 놀았다. 온종일 잘 놀던 제시는
저녁을 먹고 방 안에서 뛰며 놀다가 넘어지면서 테이블 다리에 왼쪽
이마를 부딪혀서 상처는 당장 부풀어 오르고 아이는 몹시도 울었다.

달음질을 하기 시작하면서 넘어져서 다치기가 예사다. 넘어지고 울
다가, 다시 뛰고 노래하고, 넘어진 지 얼마 되지 않아 아무 일도 없었
다는 듯이 다시 뛰놀기를 시작한다. 지치지도 않는다. 넘어지는 걸 겁
내하지도 않고, 넘어졌다고 낙심하지도 않는다. 한 번 울고 나면 그뿐
이다. 그리고 다시 걷고 뛴다. 지금 우리 동포들에게도 이 모습을 보여
주고 싶다. 그러면서 제시는 튼튼한 다리와 건강한 몸과 맘을 갖게 될
것이다. 오늘도 잘 놀고 있다.

1939년 12월 31일, 사천성 기강

일기는 명랑했다. 오늘이 1939년 마지막 날이다.

각 관공청에서는 정문에 장엄찬란한 단장을 모두 하고, 항전 시기이
지만 신년을 아니, 중화민국 창립 기념일을 융성히 지키려 하고 있다.
신해혁명이 일어난 그 이듬해, 1912년 1월 1일! 이천 년간 지속됐던
전제군주제의 청조를 몰아내고 쑨원을 임시 대통령으로 추대한 공화

제, 그의 〈삼민주의〉를 지도 이념으로 하는 '중화민국'이 발족했었다.

이날을 기념하여 집집마다 대문 좌우상하에 '항전 성공', '민국 만세', '민족 부흥', '영수에게 복종하자'는 등의 격렬한 글을 붉은 종이에 훌륭하게 써서 붙였다. 이러한 행사가 모두 신년의 감회를 일으키고 있다.

적기의 공습에 부대끼며 지내던 나날, 위험한 만리원정, 험준한 산길에서 자동차 바퀴 위에 귀중한 생명들을 던지고 있던 초조한 시간들이며, 일본 비행기 공습으로 작탄이 투하될 때마다 머리털이 하늘을 향해 치솟던 조마조마한 시간, 그 시간들을 가지게 하던 1939년이 마지막 가는 날이 아닌가!

철모르는 제시는 이러한 감상이 있는 것을 말로 발표하지 못하지만은 어찌 다 세상의 그 많은 사람들이 그러할 손 있으랴! 이 해를 보내었다. 영영 보내었다. 다시 만나지 못할 곳으로 멀리멀리 아주 보내고만 것이다. 이렇게 날이 가고 달이 가고 해가 뜨고 있는 사이에 제시는 고이고이 자라며 많은 아양과 재미를 세상에 떨쳐 놓는 것이다. 새해를 맞이하는 요즘도 새 옷을 입었다고, 고운 옷을 입었다고 좋아라며 노래를 하느라고 때때로 높고 낮은 목소리를 내어 보고 있다. 그 소리가 마음 심란한 주위 사람들에게는 위로를 주고 있다.

어서어서 묵은 해를 보내고 새해를 맞이해야 광명한 때가 곧 오게 되리라.

세월이여! 빨리빨리 가서 우리에게도 광명한 날을 맞도록 도움이 되어 주소서!

1939년 제시의 일기는 이로써 마감한다.

1940년 1월 19일, 사천성 기강

날씨는 흐렸다. 제시는 눈을 비비며 일어나자 아빠를 연해 부르더니 대답이 없으니깐 모기장을 헤치고 갸웃거리며 얼굴을 내밀고 아버지 침상을 보더니 '빠빠, 응응.' 하는 것이 더욱이나 적적함을 일으켰다. 아버지가 안 계신 때라 마마는 일심(一心)을 제시에게로 주고 잘 보아 주었다.

엄마와 둘이서의 생활이라 더욱 엄마에 대해 애착이 강해지나 보다. 오후에는 꼭 외출해야 될 일이 있어 제시를 옆집 아주머니에게 맡기고 총총걸음으로 거리에 나갔다가 맡겼던 두루마기를 찾아 가지고 장까지 보아 가지고 한 시간 안으로 들어왔더니 제시는 울음바다를 만들고 있었다. 그동안 제시는 필제(조소앙 선생 따님)하고 잘 놀다가 조금 전부터 마마를 부르며 울기에 업어서 달래고 있다는 것이다. 그래도 제시로서는 오랫동안 잘 참은 것이다.

그리던 마마라 제시는 너무나 좋아서 엄마 옷을 꼭 잡으며 마마 의자에 앉으라고 야단이었다.

1940년 1월 26일, 사천성 기강

비는 오지 않으나 흐린 날씨다. 지난밤에 비하면 덜 추운 것 같다. 점심때 아빠가 중경서 보낸 물주머니가 인편에 왔다. 아마도 제시가 몸이 성치 않다는 소식이 전해진 듯싶다. 가족이란, 어디서 무얼 하고 있든 보이지 않는 고무줄로 연결되어 있는 관계인가 보다. 그 보이지 않는 고무줄로 인해 자꾸 당겨지고 생각하게 된다. 그래서 멀리서도 하나인 느낌을 주고, 떨어져 있으면 더욱 팽팽하게 당겨진다. 요즘 제시는 잘 먹고 잘 놀고 잠도 잘 자고 있다.

다행이다.

1940년 1월 29일, 사천성 기강

바람이 불며 햇볕이 나지 않는 음산한 날이다.

오후에 이웃 댁 선생님이 중경서 돌아오시는 길에 아빠의 편지를 전해 주셔서 읽은 다음, 한참을 잘 자고 마마를 부르며 일어나는 제시에게 보여 주었다. 빠빠에게서 편지가 왔으니 읽어 보라고 주었다. 편지를 받아 든 제시는 옹알거리며 내려다보더니 '빠빠!' 하며 손으로 편지지를 꼭꼭 짚으며 '제시!'라 하고는 알아들을 수 없는 말을 무어라 지껄이더니 '마마, 옛수.' 하며 돌려주는 것이 아닌가? 퍽이나 잔양스러웠다 (귀여웠다).

갈수록 제시는 사람들의 세상살이를 따라 하며 배워 가고 있다. 그건 좋은 일이기도 하고, 나쁜 일이기도 하다. 우리가 별 생각 없이 취하는 행동들이 제시에겐 가르침이 되는 것이다. 두려워진다. 혹 내가 취하는 행동에 모자람이 있지는 않은지. 주변 사람들의 모습에서 못난 모습이 눈에 뜨이는 건 아닌지.

오늘은 불꽃이 땅에 떨어지자, 제가 침을 뱉고는 곧 발로 밟아 비벼 버리는 새로운 습관을 또 보여 준다. 이는 중국인들의 습관이다.

1940년 2월 8일, 사천성 기강

일기가 퍽 좋았다. 음력 정월 초하루다. 구정(舊正)을 큰 명절로 지키는 중국 사람들이라 모든 사무와 상무(商務)를 전폐한 세상은 오직 삼삼오오 모여서 놀러 오고 가거나 세배 다니는 이와 선조 묘를 찾는 사람들만 보일 뿐이다. 선조 묘를 찾는 사람들은 작은 돈전대 같은 것을 묘전에 꽂아 놓는 풍습을 지키고 있다.

친구 심방(방문)이 빈번하고, 거의 몇 집마다 마작판, 투전판이 벌어져서 재미를 보는 모양들이다.

제시는 이번에 처음으로 사 가지고 온 '소다 비스킷'을 얼마나 맛나게 먹는지 좋아라고 아양을 부리며 먹는 모습이 과연 볼 만하고, 동시에 느끼는 바가 있게 한다. 그것이 비록 변변치는 못하나 과세의 선물로 삼으련다.

1940년 2월 11일, 사천성 기강

일기가 온화하므로 제시는 오래간만에 정오에 목욕을 하고 한잠을 늘어지게 잘 자고 났다. 그러고는 기분이 좋아서 밤이 늦도록 잘 놀았다.

2년 가까이 계속된 중일전쟁은 일본군의 진격이 둔화되기 시작하면서 장기전의 양상을 띠기 시작했다.

현재 임시 정부에 놓인 가장 큰 과제는 독립운동 진영의 통일이다. 우파 계열의 한국광복진선 아래로 한국국민당과 한국독립당, 조선혁명당의 세 정당이 있고, 좌파인 조선민족전선 산하 단체로 조선민족혁명당, 조선민족해방동맹, 조선청년전위동맹 세 단체가 나뉘어 있다. 이렇게 각기 다른 행동 방침으로 나뉘어 힘을 나누고 있는 형상이다. 나뉘어 있는 여러 단체들을 하나로 묶어 힘을 합한다면 독립에 큰 기여를 할 수 있을 것이다.

타국에서 각기 다른 노선을 가지고 갈라져 있는 동포가 하나로 뭉치는 일이 날로 진보되었으면 한다. 커 가는 제시의 모습처럼, 우리의 활동도 성장해 가야 한다.

요즘 제시는 잔재주가 날로 진보되어 퍽 재미있게 행동하고 있다. 이제는 집 안팎 문턱쯤은 남의 도움 없이도 자유로이 잘 넘어 다니고 있다. 먼 이국 땅에서 망명 생활을 하고 있는 우리 동포들, 그 사이에 놓여 있는 작은 문턱쯤도 곧 아무 문제 없이 자유로이 넘게 되는 날을 고대한다.

1940년 2월 15일, 사천성 기강

오늘은 한교들의 구회 모이는 날이라 여러 노인 선생님들께 인사도 드릴 겸 아침 일찍부터 집을 나섰다.

구회를 통해 헤어져 살던 교포들이 한자리에 모여 인사도 서로 나누고, 소식도 듣고, 당과 정부의 활동도 겸해 듣게 되는 것이다. 강 건너 임시 정부 임시 청사에서 오후 한 시에 이 모임을 갖게 되었다.

우리가 머무는 숙소에서 임시 정부 청사 사이에는 큰 강이 가로놓여 있다. 이 강은 양자강 상류로, 깊고 어지간히 넓어 배를 타고 건너야 한다. 덕분에 배를 타고 엄마, 아빠를 따라나선 제시는 노인 선생님들께 그새 재롱이 많이 늘었다고 칭찬도 듣고 귀염도 많이 받고 강 건너 집으로 돌아왔다. 왔다 갔다 하느라고 낮에 한잠 잘 잤을 것을 못 잤기에 해가 채 지기 전에 아빠와 같이 산보를 나왔던 제시는 그만 졸음의 요정에게 사로잡힌 바 되어 피곤이 풀어진 눈을 어쩔 줄 모르다가 그만 자 버리고 말았다.

1940년 2월 18일, 사천성 기강

어젯밤에는 조용한 달빛이 비치는 사이로 새가 노래를 다 하더니 언제부터인지 옅은 구름들이 하늘을 전부 가리고 있다. 어젯밤에는 밝은 달빛 아래 앉아 이 생각 저 생각에 시간 가는 줄 모르고 있었는데 오늘 아침엔 구름이 많이 낀 흐린 날이다.

구름은 오후가 되어도 마찬가지였다. 하도 여러 날 동안 일기가 좋더니 비가 좀 오려는 건가? 하늘을 가리운 구름을 보니 우리 앞에 놓인 이 상황 같아 심란해진다. 가난하지만, 인정 많고 순수한 우리나라가 어느새 저 구름 같은 일본 놈들에게 가려진 것이다.

외국에서 근 십오 년 만에 돌아왔던 부산항. 그곳에서 처음 만난 것은 추위에 온통 손이 갈라지고, 겨울옷도 못 입어 앙상하고 초라한 짐꾼 소년이었다. 하도 오랜만에 쓰는 모국어에 서투른 이 양장 신사는 미국에서 하던 버릇대로 팁을 주려고 했다. 하지만 며칠은 굶주렸을 법한 소년은 한사코 거절을 하며 돈을 받지 않는 것이었다. 아무리 권해도 얼굴을 붉히며, 고개를 저으며 돈을 받지 않고는 도망가 버렸다. 그것이 바로 나의 조국, 고향의 모습이었다.

구름. 그것도 먹구름 사이에 감추어져 보이지 않는 조국의 미래가 언제나 개일 것인지는 어느 누구도 모른다. 그저 우리가 바라는 것은 중일전쟁에서 중국이 이기기만을 바랄 뿐이다. 그것을 위해 준비하고, 중국이 이기도록 돕는 것이 우리가 갖는 유일한 희망인 것이다.

막막한 하늘에 빛줄기 하나가 비춰지기를 열망하는 것이다. 그래서 마침내 이곳의 동지들과, 고생하는 고국의 형제들과 손 잡고 구름 한 점 없는 고국의 눈부시도록 맑은 하늘을 바라보는 날을 고대하는 것이다.

1940년 2월 24일, 토요일, 사천성 기강

아침에는 일기가 청명치 못하더니 오후가 되어서는 태양이 조용하게 맑은 좋은 봄날이었다. 제시도 하루 종일 봄날을 즐기며 잘 뛰어놀고 있다. 아름다운 일기와 같이 제시도 온종일 얼굴이 불그스름하니 예뻐지며, 봄 더위를 못 이기는 듯이 놀다가 오후 두 시쯤 되어서는 곤한 몸을 봄 졸음에게 사로잡혀 두어 시간 자고 일어나더니 좋은 기분으로 일어나 귀여움을 받으며 놀러 다녔다.

제시는 아주 창작력이 풍부하다고 할까? 무엇이나 보는 대로 제 마음대로 이름을 지어 부르며, 남이 가르쳐 주는 대로만은 부르지 않는다. 귤은 '아우', 땅콩이나 기타 콩은 '아훙', 과자 등은 '빠까', 고기는 '또리', 꽃은 '또츠'라고 제가 지은 이름으로 부르고 있으니 늘 같이 있는 이가 아니면 알아들을 수가 없다. 그리고 집 안에서는 꼭 우리나라 말만 쓰고 있는데도 웬셈인지 중국말을 어디서 배워 가지고 와서 이따금씩 하고 있다.

더욱 이상한 것은 한국말이나 영어로는 발음을 제대로 못 하면서도 중국말로는 어김없이 잘하고 있다는 것이다. 웬일인가! 중국에서의 이 생활이 계속된다면 중국말이 한국말보다 더 익숙하게 되는 것이 아닌지.

1940년 2월 26일, 월요일, 사천성 기강

일기가 전에 없이 명랑하고 화창한 아름다운 봄날이었다. 엄마와 아빠는 겨울 지낸 옷과 이부자리를 건조시킨다고 아침부터 분주하신데 제시는 안과 밖으로 따라다니며 잘도 놀고 있다. 모처럼 마당에 산뜻해진 옷이 활짝 기지개를 펴고 있다. 붉은 중국 땅에 우리의 흰옷이 가득 걸려 있다. 어느 구석에 박혀 있던 옷가지며 빨래들인지, 제 세상을 만난 듯이 시원스레 두 팔을 활짝 벌리고 있다. 언제쯤 이 낯선 땅에서 두 팔 벌리고 누워 저 하늘을 마주할 수 있을까?

빨랫감 속에 전날 입었던 옷을 한 벌 벗어 놓고도 오히려 더위를 이기지 못하고 있다. 저 마당에 활개 치고 누운 저 빨래들 속에 내 옷을, 내 마음을 자꾸 벗어서 널고 싶기 때문일까?

1940년 3월 1일, 금요일, 사천성 기강

날씨는 봄날치고는 몹시 음산하였다. 아! 1월 1일을 맞이한 지가 어제 같은데 어느덧 3월 1일을 맞이하게 되니 마치 꿈속에서 지내는 세월처럼 빠른 것 같다.

오늘은 1919년 삼일운동이 일어난 지 21년 되는 날이다. 기강 땅에 우거하는 남녀노소 교민들 전체가 태자상 30호(台子上 30戶), 즉 우리 동포의 가장 많은 수가 모여 살고 있는 집 후원 노천에 모여서 기념식을 지내었다. 이날을 기억하고 있다는 것이 우리 한교임의 표시일 것이다.

기후 관계로 개식 처음에는 70여 명이나 되더니 끝날 무렵에는 40여 명에 불과했다. 제시처럼 추워서 중간에 방으로 들어간 이들도 있었고, 음식 준비 관계로 일찍 퇴석한 이들도 있었다. 폐식 후에는 여흥 구경을 하고 준비된 저녁을 먹고 돌아오니 오후 5시가 넘었다.

1940년 3월 14일, 목요일, 사천성 기강

*이동녕 선생님께서 어제 오후에 작고하셨다. 임시 정부의 제일 웃어른이신 분이 가심으로 한교들은 충격이 컸다. 돌아가시면서도 한교들의 화합을

유언으로 남기셨다고 한다. 우리 생전에 독립을 볼 수 있게 될지 모르는 일이지만, 애써 오셨던 이동녕 선생님께서 독립의 서광이라도 보고 돌아가셨으면 좋았으리란 안타까움이 남는다.

아빠는 그곳에서 밤을 새우시고 아침에서야 강을 건너 집으로 돌아오셨다. 그리던 아빠가 돌아오신 후, 제시의 동무가 되어 줄 수 있으면 좋으련만, 쉬시려 자리에 누우시니 제시는 낙심천만하여 일어나시라고 성화다.

아버지와 노는 것을 포기한 제시는 오늘따라 웬셈인지 '어머니'라고 소리 높여 불러 찾는다. 밖에 나가 거닐다가 꽃밭을 지나면서도 '어머니 또스(꽃) 많다.' 하고 선명하게 말을 했다. '어머니'라 부르는 그 입이 자꾸만 보고 싶어 말을 시켜 보고 또 시켜 보게 된다.

1940년 3월 17일, 일요일, 사천성 기강

이삼 일 내리던 비는 멎었으나, 봄바람이 심히 부는 날이다. 오늘은 '석오 이동녕' 선생님의 장례를 지내는 날이었다.

그 어른이 신병으로 오륙 일 신음하시다가 돌아가셨기에 아빠는 매일같이 강 건너 다니며 돌보아 드리느라고 거의 십여 일 동안 집을 떠나 있었고, 하루 건너 경야(經夜, 밤을 지냄)까지 하느라고 집에 돌아오지도 아니하시곤 하였다. 강 건너 기강에 사시는 교포들은 거의 모두가 선생님 간호에 분주하였다고 한다.

우리 임정의 원로 선생님께서 타계하신 이 시간에, 철모르는 제시는 밤낮 노래 부르며 봄기운과 같이 잘 자라고 있다. 죽음과 삶이란 것이 이런 것인지, 생명이 생기고 사라질 때를 우리는 수없이 많이 목격한다. 그렇게 해서 시대가 바뀌고, 또 다른 삶이 흘러가고 있다. 이전의 생명이 이룩해 놓은 시간을 디디고 서서 또 다른 흔적을 남기고 있다. 그것은 돌계단을 만들어 가는 것과 같다. 하나하나 밑받침이 되는 돌 위에 또 다른 돌, 또 다른 돌.... 그렇게 위를 향하여 올라간다. 밑에 자리한 돌은 긴 세월이 지나도 그 가치가 변하지 않고 그 돌이 존재해야만 높은 곳을 향해 나아갈 수 있는 것이다.

하나의 돌은 세월이 흘러 이끼가 흐르고, 어느덧 그 위치가 너무도 밑에 처져 있게 되어 어느 한 사람의 눈길조차 받을 수 없더라도 그 돌은 분명히 존재하고 있다.

우리에게 주어진 생명의 시간 동안 우리는 우리 몫의 계단을 만들어 가는 것이다. 단단하고 무너지지 않는, 중심 잡힌 하나의 돌계단을. 이제 생명이 우리에게 주는 의무를 완수하고 가신 석오 선생님, 그분의 든든하고 커다란 자리를 느끼게 된다. 그 위 어느 자리엔가 제시의 돌이 서게 될 것이다. 역사란, 그렇게 쌓아지고 있는 것이다.

하나의 돌계단을 쌓아 올리고 있는 우리들의 삶.... 바람이 불고 폭풍이 일고 있는 지금, 더욱 더 단단한 받침돌을 만들어 내야 한다. 언젠가 햇빛이 비치는 봄날을 맞이할 때, 가지런히 쌓아 올려진 계단에서 지금은 잘 보이지 않는 내 돌의 모양이 부끄럽지 않아야 할 것이다. 생명은 사라져도 사라지는 것이 아니다. 앞으로 자신의 존재를 하나하나 쌓아 올릴 수많은 계단들의 밑받침으로 남는 것이다.

또 다른 삶을 시작하고 있는 제시, 이삼 일 전에 좀 편치 아니한 듯하던 제시의 몸은 다시 건강해졌다. 지금, 제시는 책을 들고 노래를 부르느라 야단이다. 자신이 자리해야 할 위치를 찾기 위해, 더욱 단단한 밑받침이 되기 위해 하루하루 더욱 영글어 가는 작은 돌멩이가 되어서.

1940년 3월 29일, 금요일, 사천성 기강

여러 날 만에 햇빛이 비치는 날이었다. 그래서인지 사람들, 산천초목이 다 반기고 즐거운 표정이다.

사람들은 그동안 습기에 젖었던 물건들을 말리느라고 분주한데 더욱이 '진채(중국 채소, 찬거리)'를 집집마다 소금에 절여 담아 놓고 말리지 못해 걱정하던 참이라 오늘에야 저마다 내다 널며 분주한 모습이다. 우리 집 엄마도 예외는 아니다.

그러나 제시가 일에 방해가 되기 때문에 그리 필요치 않은 것이라도 부지런히 '가져오라. 가져다 두라'고 심부름을 시키니 저도 기분이 좋아 달음질쳐 오고 갈 적마다 변변치 아니한 무엇이라도 늘 손에 얻어 들고 다닌다. 이제는 심부름도 곧잘 하는 것이다.

오늘은 중국의 '황화강 기념일'이다. 중국 신해혁명 전야에 72혈명객이 만청(滿淸)의 포악한 손에 죽은 날이란다. 황화강은 중국 광동성 광주시에 있다. 하지만 이날은 광주시뿐만 아니라 전 중국에서 성대히 거행하는 기념일이다. 이 기강에서도 관공서, 집집마다 반국기를 달았다. 그러나 72열사가 누워 있는 광주는 오늘날 왜놈의 연병장이요, 위조직(僞組織)이 서 있는 곳이라, 72열사의 영령이 있으면 구천지하에서 슬퍼할 것이다.

1940년 3월 31일, 일요일, 사천성 기강

흐린 날씨다. 국민당, 독립당, 조선혁명당의 삼당 통일회의가 강 건너편 정부 청사에서 열리고 있기 때문에 제시는 더욱이나 오고 가기에 분주했다.

1940년 4월 6일, 토요일, 사천성 기강

명랑치 못한 날이다. 하지만 봄날의 기분은 완연하다.

오늘은 한식(寒食). 옛날 명나라의 굴원이란 사람이 물에 빠져 죽은 날인데 근래에는 간산(看山, 성묘)하는 날로 정하여 동양인은 다 같이 지내는 것이다. 고향을 떠나온 사람들에게는 성묘조차도 사치스러운 일이다. 하지만 대신 얼마 전 돌아가신 석오 선생님을 찾아뵙고 왔다.

오후에 류 선생 댁 외손녀가 왔고, 강 건너 사는 이들이 몇몇 애들을 데리고 왔기 때문에 제시는 신이 나서 그 애들과 잘 놀았다.

1940년 4월 18일, 목요일, 사천성 기강

날씨는 온화해서 기강 강변 좌우에는 묵은 옷을 빠는 군인들로 초만원이다. 광음은 어느덧 흘러서 농가는 보리걷이를 하기에 심히 바쁜 모양이다.

오늘이 음력으로는 3월 10일. 청명 지난 지가 며칠 안 되었는데 이곳에서는 벌써 보리 추수를 하고 있다. 우리나라에서는 지금쯤 보리가 바늘 만큼씩이나 나왔을까? 겨우 싹이 파릇파릇 나오고 있으리라.

제시는 근일 감기가 좀 나은 듯하더니 아직도 기침이 멎지를 않아 걱정이다. 어제는 날씨가 따뜻하다고 엄마가 홑옷으로 갈아입혔더니, 여러 번 '예쁘다, 엄마.' 소리를 연발했다. 어린 눈에도 예쁜 것이 분간되어 보이는 모양이었다.

내 아이와 함께 보내는 시간이 나에겐 가장 마음 따뜻한 시간이다. 흐리고 폭풍 부는 일기라고 하더라도 아이와 함께하는 시간은 따사로운 공기가 감도는 아늑한 방 안에서 보내는 훈훈한 시간이다. 하지만 곧 한 치 앞이 보이지 않는 저 바깥 세상을 향해 나가야 할지라도 망설임은 없다. 언젠가 내 아이가 바깥세상에 나갈 것을 생각하면서 그 애가 보고 나갈 빛을 달아 두려 한다. 자식이 가야 할 길을 찾는 데 도움이 될 수만 있다면 바람 부는 날이라도, 폭풍우가 치는 날이라도 한 아이의 아버지에겐 새로운 기운이 솟는 것이다.

낮에는 그럭저럭 잘 놀고 있는 제시지만, 요즘 들어 눈곱이 자꾸 껴서 걱정이 된다.

1940년 4월 27일, 토요일, 사천성 기강

새벽부터 소나기가 내렸다. 처음으로 비가 많이 내려서 맑은 물이 크고 작은 시내에 졸졸 넘쳐흐르고 있다. 제시는 맑지 못한 날이라 바깥에 마음대로 나가 놀지를 못해 클클해한다(답답해한다). 오늘이 *우천 조완구 선생님의 육십 수연 기념일이라서 모두들 강북으로 건너가셨다. 축하회가 있다고 한다.

1940년 4월 28일, 일요일, 사천성 기강

날씨가 퍽 좋아서 매일 밤낮으로 두세 번씩 공습경보가 울려 오고 있다. 그러나 공습경보가 날 적마다 적기가 지나가는 것을 보지도, 폭음 소리를 듣지도 못했다. 그렇지만 수백을 헤아릴 정도의 피난민을 실은 배가 매번 잠길 정도로 그들을 싣고 건너오고 있다.

우리가 살고 있는 '신가즈'는 이제 완전히 피난처다. 기후는 실내 온도가 90도 이상으로, 여름의 무더위 못지않게 무르익었다. 그래서 제시는 얼굴이 빨갛게 되어 왔다 갔다 하며 놀고 있고, 더위를 식힌다고 매번 강가로 나가 손과 얼굴을 자주 씻고 있다.

무더위에 무수한 사람들, 올여름에 우리가 어떻게 될지는 아무도 예측할 수 없다.

1940년 5월 1일 수요일, 사천성 기강

국제노동절(May Day)이다. 작년까지만 해도 사방에 표어가 많이 붙었었는데 금년에는 한 장도 보이지를 않는다. 아마도 국공(國共, 중일전쟁 발발 후, 국민 정부와 중국 공산당이 항일 공동전선을 펴기 위해 만든 제휴·협력 체제)의 암투가 심한 모양이다.

일기는 몹시 더워서 실내 온도가 거의 백 도에 육박하고 있다. 더욱이나 첫 더위라 견디기가 퍽 어렵다. 그러나 제시는 꼭 햇빛 비치는 양지에서만 놀려고 하지 그늘 밑은 결코 싫다는 것이니 웬셈인지 알 수 없다.

백두산이 높이 솟아 길이 지키고
동해물과 탕하수 둘러 있는 곳
생존자유 얻기 위한 삼천만
강하고도 씩씩한 빛 띠고 있도다
한 깃발 아래 힘 있게 뭉쳐
용감히 나가 악마 같은 우리 원수
쳐물리치자!
우리들은 삼천만의 대인 앞에서
힘차게 싸우는 선봉이다

수첩에서 발견한 시구
(당시 교포들이 많이 부르던 노래 가사다.)

중국에서 있었던 잊을 수 없는 이야기

한번은 제시를 임신하고 있을 때였다. 김구 선생님이 나에게 오셔서 말씀하셨다.

"소정(임정에서 불리던 나의 이름)! 오늘은 내가 맛있는 걸 사 줄 테니깐 따라만 오게. 영양가 있는 걸 많이 먹어야지 우리 임정에 건강한 아기가 나지."

그래서 따라간 우리 부부에게 식당에서 나온 것은 생선 요리 같은 것이었다.

"그래, 이게 무슨 요리 같은가?"

김구 선생님이 넌지시 물으셨다.

"생선 맛이 나는걸요. 생선 요리지요, 선생님?"

"음, 맞아. 생선 맛이 나지? 생선이야. 생선 중에서도 아주 좋은 생선이라고."

오랜만에 먹는 생선이라 나는 맛나게 먹었다. 식사를 마친 후 나오는데 아무래도 기분이 이상해서,

"근데, 그 생선 이름이 뭐라고 하셨죠?"

그때 선생님은 웃으시면서,

"음, 그런 게 있어."

하시는 게 아닌가?

나중에 그 요리점의 뒤꼍에 놓여 있는 진열장에서 뱀 몇 마리가 몸을 꼬고 앉아 있는 걸 보았다. 알고 보니 우리가 먹었던 그 요리는 뱀이었던 것이다. 뱀이라고 하면 먹지 않을까 봐 짐짓 모른 척하고 계셨던 김구 선생님이었다.

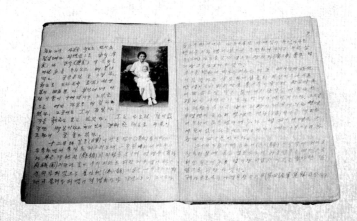

중국 땅의 '푸른 하늘 은하수'

1940년 5월 9일, 목요일, 사천성 기강

새벽에 비가 한 소나기 오고는 아침 일기가 흐리터분한 날이다. 그래서 더운 느낌은 하나도 없다. 제시는 솜저고리를 입고 들락날락하며 놀기에 퍽 분주하다. 음식도 그만하면 잘 먹고, 놀기도 잘하고, 잠도 밤과 아침 늦도록 잘 자고, 오후에도 한 시간 가량이나 자면서 잘 놀지만 웬셈인지 안색은 전만 못하다.

세월은 참말 빠르다. 어느새 보리걷이는 다 끝나고, 밀 수확에 분주하다.

제시는 무어라 가르쳐 주면 '아니 못써, 아서, 싫어.' 등의 말을 제대로 하고 제시가 밉다고 하면, '아니 미워, 못써.'라고 반항을 제대로 한다. 때로는 병정놀이를 한다고, '이 얼 싼 쓰(1, 2, 3, 4)'를 부르며 다니기도 하고, 창가를 하라고 하면, '푸른 하늘' 하고는 제대로 곡조를 내고 고개를 까닥거리며 무어라 중얼거리고 '쪽배에'까지만 제대로 소리를 하면서도 신나게 부른다.

'푸른 하늘 은하수 하얀 쪽배에 / 계수나무 한 나무 토끼 한 마리 /

돛대도 아니 달고 삿대도 없이 / 가기도 잘도 간다 서쪽 나라로'

삿대도 돛대도 없이 떠가는 하얀 쪽배가 우리의 처지인 것만 같다. 푸른 하늘 은하수 아래 출렁이는 물결 따라 흘러가는 쪽배. 언젠가 닿으리라는 그곳을 향해 아무 기약 없이 그저 희망을 갖고 떠가는 모습. 제시의 하다 만 노랫가락을 속으로 이어 부를 때면 타향의 하늘이 더 푸르러 보인다.

1940년 5월 10일, 금요일, 사천성 기강

새벽부터 가느다란 비가 오락가락하다가 정오쯤 되어서는 태양이 얼굴을 나타냈다. 제시는 궁금증이 나서 오락가락 야단을 치며 엄마가 세 번째로 지은 새 신발을 신고 자랑하러 다니느라고 근처 집을 돌아다니면서 '아주머니, 뭐 하세요?' 하면서 고개를 기웃거리며 들여다보고, 경례를 하면서 '신신' 소리를 하며 논다.

점심을 먹고, 산보를 하면서 우연히 뽕나무 밑으로 지나가다 오디(뽕나무 열매)가 까맣게 익은 것이 달렸기로 따 주었더니 처음에는 모르는 것이라 먹을 것인 줄을 모르다가 먹으라고 하니깐 먹어 보고는 맛있다고 몇 개를 더 먹었다. 흥이 나니깐 '푸른 하늘 은하수... 응응... 토끼 한 마리' 하며 흥얼거린다. 서투른 가락과 노래하는 꼴과 성음이 퍽 우스웠다. 그래도 이 중국 땅 기강에서 오랜만에 들어 보는 '푸른 하늘 은하수'였다 아버지가 좋아하는 노래라고 열심히 연습하고 불러 대는 제시의 모습이 꽤 기특하다.

잠이 들어서도 제시의 입은 오물오물거린다. 밤새 말 연습을 남모르게 하는 건지 아니면 '푸른 하늘 은하수'를 부르고 있는지 모른다.

1940년 5월 27일, 월요일, 사천성 기강

일기가 명랑해졌다. 비가 멎은 지 이삼 일째 되매, 오늘은 아침부터 공습경보가 나서 적기가 기강 상공으로도 지나가고 오고 하기를 사오 차례나 하고 있다. 적기는 적게는 27대, 많게는 35대씩 지나가고 있었다. 그러니 강 건너 우리네가 살고 있는 곳으로 피난하러 오는 사람 또한 퍽 많이 있었다. 그래선지 제시는 오고 가고 하며 흥도 나고 재미도 나서 잘 놀고 있다. 요즘은 무슨 말이나 두 번, 세 번만 가르쳐 주면 꼭 그대로 흉내를 내고 있다가 오고 가는 사람들과 대화도 많이 한다.

몸이 평안해진 후, 늘 허기져 하는 제시에게 며칠 동안 '호떡'을 사 줬더니 얼마나 좋았던지 '배 타고 저기 떡 사러 가요.' 하고 졸라 대는 통에 저녁이 되면 내일 사러 가자고 약속을 하고야 잠자리에 든다.

1940년 5월 31일, 금요일, 사천성 기강

햇볕이 몹시 내리쪼이는 더운 날씨다. 일기가 급속도로 더웠다 서늘하였다 해서인지 제시는 또 설사 기운을 보여 약 한 첩을 사다 다려 간신히 얼렁거리며 먹었다.

그리고 어디선지 옮아 온 학질로 한 두어 시간 몹시 괴롭게 지내는 동안, 엄마는 부인회를 조직하겠다고 준비회의에 분주해하고 있다.

1940년 6월 10일, 월요일, 사천성 기강

음력으로는 단옷날이었다. 아침부터 굵은 빗방울이 오락가락하는데도 공습경보는 여전히 울려 오고 적기의 침입은 여전하여 단오절이라도 비록 중국서는 큰 명절로 지키고 있더라도 별도리 없이 피난 보따리를 들고 인적이 적은 산골로 찾아가지 않을 수 없다.

제시는 설사로 고생을 하고 있는데 그것이 기후 관계인지 약 때문인지 먹이던 약을 중지하고 나니 설사도 그치고, 원상 회복이 되었다. 그래도 피난 생활이 힘들었던지 중간중간에 '싫다.', '다리가 아프다.', '아이고 죽겠다.'는 등 말이 연하여 나오고 있다. 태어난 지 만 두 해가 채 안 된 아이에게는 벅찬 생활이 아닐 수 없을 것이다.

1940년 6월 21일, 금요일, 사천성 기강

몹시 무더운 날이었다. 따가운 햇볕은 석양 햇빛이 서산에 걸릴 때까지 계속되었다.

아빠는 제시를 데리고 강변 늙은 느티나무 밑에 피서를 나와서 무한히 많이 드러난 뿌리 위에 가서 좌정하고 밑으로 한없이 흐르고 있는 물결을 바라보고 있노라니, 제시도 흘러 내려가는 강물을 뜻 있게 보았던지 '물도 잘 흘러간다.' 하기로 물이 어디로 흘러가느냐고 물었더니 '저리로 흘러가요.' 하는 대답이었다. 무의식이라고 할까! 유의식이라고 할까! 강물이 흘러 흘러서 고향으로 갈 수 있다면 하고 생각하는 아버지의 맘을 아는지 저리로 자꾸자꾸 가다 보면 둥글고 푸른 어머니의 나라, 아버지의 나라가 나온다는 걸 알고 하는 소리인지....

여름이 되었으니까 또 비상 시기 준비로 제시는 역질 예방 주사를 맞고는 아프기도 하려니와 무섭기도 하여서인지 한참이나 울고 있었다.

1940년 6월 29일, 토요일, 사천성 기강

바람은 건들건들 불지만, 폭양은 어지간히 내리쪼이는 날이다.

여전히 공습경보가 울리고, 적기가 오고 가는 소리가 네다섯 차례나 공중을 울리고 있다.

적기 백 대가 한 번 사천 상공을 비행하는 데 167만 원이나 소모된다는데, 매일같이 공습을 하고 있으니 그 비용이 엄청날 것이다. 그중에는 고국에 살고 있는 우리 동포의 피땀 흘린 돈이 원치도 아니하는데 그 얼마나 소모되고 있을까!

제시는 그 더운 일기 중에도 여전히 약도 먹고 음식도 때 찾아 먹으면서 놀고 있다. 하루 동안에도 '배 타고 산보 가요.'의 요구가 그 몇 번이며, 멀리서 보여 누구인지 자세히 모를 때는 '저거 엄마 아니야?' 또, '저것이 무엇이 아니에요?' 하고 눈길 닿는 곳마다 의문이 계속해서 난다.

오늘 오후에 제시는 제2차 예방 주사를 맞고 또 울었다.

공습경보와 야외 산보

🖋

1940년 7월 5일, 금요일, 사천성 기강

일기는 명랑했다. 정오가 좀 지나자 적기의 공습경보가 났다. 얼마 있다가 비행기 오십여 대가 세 편대로 나뉘어 중경을 향해 비행하는 것이 보이더니 약 한 시간쯤 지나서 다시 적기가 돌아오는 소리가 났다. 그러고는 바로 기강 상공에 이르자 우박 쏟아지는 소리를 내며 폭탄 터지는 소리가 천지를 진동했다. 계속해서 화재가 나고 불꽃이 하늘에 치솟았다.

오륙 분이 채 못 되어 다시 비행기 소리가 나기에 이번엔 잠자고 있던 제시를 부둥켜안고 의복도 제대로 입히지 못한 채 집을 나와 북쪽을 향했다. 집에서 얼마 못 가서 통행을 금지하므로 부득이 커다란 등나무 밑에 숨어 들어갔다. 몇 분쯤 지났을까? 다시 우박 쏟아지는 소리가 나면서 몇십 개의 작탄이 북쪽 작은 냇가 근처에 떨어지며 천지가 진동했다. 아찔한 순간이었다. 순간, 품에 안은 제시의 눈과 귀를 가려주었다.

두 번째 폭격에는 별 손실이 없었으나, 첫 번째 폭격은 버스 정류장과 시 정부를 중심으로 내려쳤기 때문에 무너진 가옥도 많고 화재가 나서 더욱 참혹한 현상이다. 불을 끌 소방 시설이 준비되어 있지 않아 제대로 끄지도 못하고 있던 중에 저녁 여섯 시쯤 하여 전에 없던 큰 폭우가 쏟아져서 그제서야 불은 다 꺼져 버리고 말았다. 사람이 만든 재해를 자연의 힘이 치유해 준 꼴이었다.

이번 폭격으로 무너진 집과 불탄 집이 수백 동이요, 사상자 수가 수백 명에 달한다고 한다. 그 외 손실은 아직 알 수가 없다.

1940년 7월 16일, 화요일, 사천성 기강

더위는 더욱 심해 간다. 정오쯤에 공습경보가 있었고, 한 시간쯤 있다가 긴급경보가 난 후 얼마 있다가 수십 대의 횡작기(폭격기) 지나가는 소리를 듣게 되었다. 오후 3시 반이 지나서야 해제경보가 울렸다. 우리 일행은 동북쪽 산상 절간 같은 집으로 피난을 가서 그곳에서 먹고 놀고 하며 일행과 같이 있다가 그네들보다 조금 먼저 집으로 돌아왔다.

제시는 두 돌 생일이던 7월 4일부터 늦잠 자던 버릇이 고쳐졌다. 매일 아침 여덟 시나 아홉 시가 되어서야 이리저리 굴러 다니면서 잠을 깨던 애가 요즘은 아침 5시 반, 늦어도 6시면 꼭 일어나서 엄마, 아빠를 찾고는 '쉬쉬하러 가요.', '종이 가지고 가요.' 한다.

1940년 7월 20일, 토요일, 사천성 기강

기다리던 비는 좀처럼 내리지 않고 일기는 흐려 있을 뿐이다. 비가 좀 와야 농작물에 유익하겠다는데 걱정이다. 농부들의 걱정이 더 심하다.

요즘은 하기강좌가 '태자상'에서 밤마다 열리고 있어 이웃 어른들이 다 참석하고 있다. 제시도 같이 가겠다고 야단이어서 몇 번 갔었는데 밤중에 강을 건너야 하는 데다 강변에서 장소까지 가는 길도 순탄하지 못하다. 그뿐 아니라 막상 가서 좀 있다가는 자꾸 잠을 자겠다고 방으로 들어가자는 성화에 가끔씩만 가고 있다.

1940년 7월 31일, 수요일, 사천성 기강

하도 덥던 이번 달은 삼 분의 이가 넘는 이십여 일 동안 비가 매일같이 오기 때문에 그리 더운 것을 알지 못하고 지냈다. 천행 같다.

어제 오후에는 폭풍우가 세차게 퍼붓더니 오늘은 태양이 비치고 있어 공습경보가 날 것 같다고 저마다 송구한 감을 느끼고 있다. 그 와중에서도 제시는 점심을 먹고 나서 단잠이 들어 있다.

12시(정오)가 좀 지나자 공습경보가 나서 군중과 같이 제시는 아빠에게 안겨 산골짜기 오동나무 아래 낭떠러지에 앉아서 돌돌 흐르고 있는 개천 물을 바라보며 이웃집 식구들과 같이 지내고 있노라니 두 시가 지나서야 멀리서 비행기 지나가는 소리를 들을 수 있었다. 그러나 해제경보가 나지 않아 집으로 돌아오지 못하고 있는데 난데없는 소낙비가 내렸다. 그곳에서 어떻게 피하여 볼까 하다가 그만 집으로 돌아가기로 하고 억수로 퍼붓는 비를 맞으며 집으로 돌아오게 되었다.

비가 온다고 널따란 바위 아래서 모자를 두 손으로 붙잡고 대쪽같이 내리는 빗속에 앉아 있는 애를 엄호하는 엄마며 빗속의 어린애의 정경은 퍽 가엾어 보였다. 측은한 장면이었다.

1940년 8월 4일, 일요일, 사천성 기강

어제는 상오(오전)와 하오(오후)에 두 번이나 공습경보가 나서 군중들 틈에 끼어 피난을 갔다 왔더니, 오늘은 전에 없이 아침 7시에 경보가 나서 황황히 이른 아침에 피난을 가게 됐다. 얼마 후, 해제가 되어 집으로 돌아와 아침을 지어 먹으면서도 또다시 공습경보가 날 것 같아 조마조마한 심정으로 대기하고 있었더니 뜻밖에 소나기가 약 반 시간 정도 내리퍼부었다. 그러자 더위도 물러가고 말았다.

오늘은 제시의 25개월 되는 날이다. 지난 두 달 동안에 앓지도 않고 잘 놀면서 지냈건만 웬셈인지 키는 조금도 크지를 못했다. 영양이 부족한 것일까? 반면에, 이야기 재주만 퍽 늘어나서 자유자재로 의사 표시를 잘하고, 잔심부름도 하며, 글을 읽는 애교 있는 동작도 제법 하고 있다.

1940년 8월 22일, 목요일, 사천성 기강

날씨는 여전히 덥지만 절기가 바뀐 탓인지 폭염보다는 좀 나은 듯한 느낌이 있다. 이틀째 공습이 없어서 다행이다.

지난 20일에 근 2백 대의 일본 비행기가 중경시를 대횡작 해서 도시의 3분의 2가 파괴되고 불타 버렸다는 소식이 전해 왔다. 그리고 20일 후로는 중경시를 다시는 폭격하지 않는다는 일본측의 라디오 방송이 있었다고 한다. 다행이라고 생각해야 하나?

계속되는 답답한 소식에 모든 의욕이 떨어지지만 어쩌겠는가. 우리는 먹어야 하고 살아야 하는 것을. 특히 어린 제시를 생각지 않을 수 없다.

제시는 근일 생선과 닭고기를 사서 반찬을 만들어 주니 음식을 맛나게 좀 많이 먹는 듯싶다.

아버지가 없는 집

1940년 9월 4일, 수요일, 사천성 기강

여러 날 만에 내리던 비가 멎고 햇볕이 비친다. 공습경보가 나서 원치 않는 야외 산보를 나갈 수밖에 없게 됐다. 별일 없이 애를 데리고 놀다가 빨래만 두어 가지 해 가지고 두 시간 반 만에 집으로 돌아왔다.

오늘은 제시의 만 26개월 되는 날이다. 아침에 키를 재어 보니, 33과 4분의 3인치로 7월에 비해 좀 커졌다. 체중은 알 수가 없다. 이를 조사해 본 즉, 왼쪽 아래 어금니가 하나 더 나와서 모두 다섯 개다. 이제는 무슨 말이나 다 하여 유치원이 있으면 능히 보낼 만하다. 순조로이 잘 자라고 있다.

양자강 건너 쪽 기강의 맞은편, 우리가 살고 있는 곳은 '신가자(新佳子)'라는 곳이다. 제시가 만 2세 생일을 보내고 있는 이곳에는 조소앙 선생 댁과 그 동생인 *조시원 선생 가족, 홍만호 선생이 살고 있고, 그리고 *최동호 선생 가족도 잠시 와서 살았다. 인가 적은 한적한 산골이며 농촌이다.

1940년 9월 8일, 일요일, 사천성 기강

비가 오락가락하는 주일이다. 광복군총사령부 성립 전례식을 15일에 중

한민보

128

경에서 거행하게 되어서 아빠는 식에 참석해야 될뿐더러 또, '한민보(韓民報)'* 발행의 책임자로서 부득이 겸사하여 중경으로 떠나가시게 됐다. 그래서 모녀를 호젓하지 않은 처소에서 지내게 하기 위해 방을 가운데 방으로 옮기는 이사를 해 놓고 길을 떠나려고 온종일 분주하셨다.

그런 사이에 제시는 새와 달리기를 하며, 근처 집 아이들과 놀고 있었다. 점점 억지가 세어지는 것도 같다.

1940년 9월 10일, 화요일, 사천성 기강

아빠는 아침 7시에 중경으로 가는 배에 올라탔다. 제시는 중경이 어디인지 먹을 것이나 사러 가신 듯이 알고 있는 것 같다. 아빠가 떠나기 전, 방을 옮기고 대강 정돈하고 가신 뒤라 끝 정돈에 분주한 엄마를 아는 듯이 제시는 혼자서 잘 놀고 있다.

만 26개월 된 제시

오늘이 방을 새로이 옆집으로 옮긴 둘째 날이 된다. 이곳은 남자 어른들이 다 떠나가셨지만 의사 한 분과 또 다른 한 분이 가족들과 같이 이사를 왔기 때문에 그리 적적하지는 않았다. 일기는 비는 오지 않으나 흐리다.

---

* **한민보**: 1940년 3월, 한국국민당 선전부에서 발행한 기관지

1940년 9월 13일, 금요일, 사천성 기강

하늘은 높고 맑다. 어제와 같은 시간에 공습경보가 또 들려왔다. 빈집에 혼자 남을 수 없어서 이웃 친구들과 같이 다시 들로 피난을 나갔었다.

일종의 '유언비어'라 할까? 삼일 내로 기강에 사는 사람들은 이삼십 리 밖으로 피해 가지 않으면 위험을 면치 못한다는 말이 우리네에게도 들려온 만큼 당황치 않을 수 없었다. 더구나 제시 아버지도 집에 계시지 않아 어떻게 해야 할지 더욱 고민이다. 오늘은 음력으로 팔 월하고 십이 일이라 달 밝은 밤이다. 저녁 8시경, 두 번째 공습경보가 유난히도 크게 들려왔다. 잠이 곤히 든 제시는 엄마에게 안겨서 또다시 들로 나가 두어 시간 괴로운 잠을 자고 집으로 돌아왔다. 둥근 달을 보매 예전같이 충만한 마음보다는 심란함이 가득하다.

1940년 9월 23일, 월요일, 사천성 기강

오늘도 비가 내리고 있다. 흐리고 음산한 날이 계속되고 있지만, 다행히 제시의 건강은 회복된 듯싶다.

근 일 년 만에 소고기를 구하게 됐다. 고기 반찬에 굶주렸던 제시는 방금 먹은 뒤라도 그저 먹겠다고 조르고 있다. '기강'이라는 곳에는 육식이라곤 겨우 도야지고기뿐인데 그것도 쉽게 살 수가 없는 형편이다. 물량이 퍽 부족한 모양이다. 돈을 가지고도 마음대로 살 수가 없어 제시의 밥반찬 때문에 곤란을 겪고 있다. 또, 중국인 물장수가 죽은 뒤로는 물공황이 생겨서 강변으로 내려가서 손수 먹을 물을 떠 가지고 와야 하는데, 아버지가 출타 중이라 물 뜨는 것도 요즘 엄마의 일과다.

물 떠 오는 것은 보기보다 은근히 힘든 일이다. 한 방울도 떨어뜨리지 않고 가져오는 물장수의 재간이 용하게 느껴진다. 아버지가 물을 뜨러 갈 때면, 물장수처럼 양쪽으로 물동이를 단 지게를 어깨에 메고 돌아오는데, 늘 집에 오면 거의 절반이 다 쏟아져 있곤 했다. 그럴 때면 물장수의 노련미가 부족한 솜씨라고 평하곤 했는데 이제야 그 고충을 이해할 듯싶다.

물을 뜨러 강가로 갈 때는 종종 제시를 집에 혼자 두고 가는데, 처음에는 따라가겠다고 야단하더니 요즘은 동정을 살펴보고 강가로 가는 것 같으면 '엄마, 어디 가세요? 혼자 집 보며 놀게요. 빨리 갔다 와요.'라며 먼저 말을 하고, 혼자 놀고 있다. 그 혼자 몰두하는 놀이라는 것은 책이든, 부채이든, 막대기든 부둥켜안고는 자기 애기라면서 똥 누이는 동작으로부터 시작해서 밥 떠먹이는 것, 머리 빗기까지 꼭 애기 하나를 기르는 일이다. 애기가 애기를 기르는 모습을 뒤로하고 물을 뜨러 갈 때마다 나는 정신 놓은 사람마냥 웃음을 흘리곤 한다.

1940년 10월 1일, 화요일, 사천성 기강

날씨는 흐리다. 요즘도 호열자병은 여전히 유행되고 있는 모양이다.

바로 한 칸 건너 옆집에서 하루 건너 사람이 둘이나 죽었다. 옆 칸에 사시는 의사 선생님은 이곳에 어린애들이 많은 만큼 속히 이사를 하라고 권한다. 제시 아버지도 없는 지금 말이다.

여러 면으로 이곳 사는 우리는 황급한 가운데서 지내고 있는데 임정과 당의 공공용품 짐들이 오늘 떠나는 배로 중경으로 옮겨 간다고 한다. 분주히 옮기는 것을 보니 더욱이나 마음이 산란하다. 그렇다고 숙식할 방도 없다는 그곳으로 이사를 갈 수도 없다.

우선 소독약을 사다가 근방에 뿌리는 등 할 수 있는 일을 다 하느라고 몸시 분주하다.

제시는 낮잠을 실컷 자고 나더니 저녁에는 잘 생각을 않고, 책을 가지고 와 가르쳐 달라는 것이다. 한참 동안 문답식으로 잘 이야기하고서 그다음에는 창가를 부르자며, 하루 종일 일에 시달려 피곤해진 엄마를 자리에 눕지도 못하게 하고 있다.

마음도 몸도, 아버지의 빈자리가 유난히 크게 느껴지는 날이다.

1940년 10월 26일, 토요일, 사천성 기강

바람이 선들선들 불어오는 청쾌(淸快)한 날씨다. 긴급경보*가 들려오자 이웃집에서는 '왠소탕(생떡국)'을 한 보시기씩 가지고 와서 빨리 먹고 피난 가자는 것이다. 급히 먹고 나간다고 나갔으나 십여 분 지체가 되었던 모양으로, 도중에 비행기 소리를 듣고 황급히 달음질쳐서 근처 숲속으로 들어가 피하기는 했으나, 모두들 황급한 태도를 숨기지 못하는 모습이다. 숨을 죽이고 동정을 보고 있었으나 별일은 없었다.

해제경보가 울리자 집으로 돌아와서 찬밥을 끓여 막 먹고 일어서는데 '제시-' 하고 부르는 아빠의 음성이 들려왔다. 오래간만에 듣는 소리였다.

떨어져 있은 지 두 달이 채 못 되었는데 제시는 서먹서먹해서 반가운 표시를 못하고 새침하여 겨우 인사를 하고는 엄마의 옷자락을 붙잡고 따라다니는 것이다. 그러더니 한 시간도 못 되어서 아빠를 부르며 따르는 것을 보니 아마도 입으신 의복이 떠날 때와 달라서 그러했던가 보다. 아빠는 중경계실 때 숙식이 많이 불편하셨던지 몸이 많이 수척해지셨다.

---

* **긴급경보**: 적기가 가까이 왔을 때 울리는 경보. 보통 짧은 음의 반복인 긴급경보가 울리고 나면, 곧 비행기를 보거나 폭격 소리를 들을 수 있다.

제시의 선물은 쇠고기, 양말, 과자, 귤 등이었다. 제시가 얼마나 기뻐하는지 모르겠다. 고구마, 밤만 먹다가 얼마나 맛나 하는지.... 중경서 사 오신 국수가 맛이 퍽 좋은가 보다. 어찌나 맛나게 먹는지 보는 사람에겐 더욱이나 귀엽고 사랑스럽게 보였다.

궁한 생활에서 늘 부족한 듯 지내다가 맛난 음식을 만나는 기쁨은 어디에 비할 수 있을까! 하지만 비록 그것이 제아무리 크더라도 어린 제시에겐 아버지가 돌아오신 기쁨에 비할 수 없으리라.

새로운 도시 중경으로

1940년 10월 28일, 월요일, 사천성 기강

일기는 아침부터 명랑하여 마치 늦은 봄날과 같다. 으레 공습경보가 있을 것을 예측하면서도 엄마는 오래간만에 돌아온 내 속옷을 빨아야 되겠다며 뒷개울 빨래터로 아침 일찍이 빨래하러 나갔다. 연신 '날씨가 너무 좋다.'며 밝은 기색이었다.

모처럼 집에서 잘 자고 상쾌한 기분으로 일어나서 '빠빠, 굳모닝.' 하며 일어나는 제시를 돌보아 줬다. 오랜만에 듣는 제시의 굳모닝 소리가 듣기 좋았다. 두 달도 채 못 되었건만 제시는 말솜씨가 어찌 그리 늘었는지 거의 못하는 말이 없을 뿐 아니라 어조(語調), 어음(語音), 어태(語態)가 어찌나 명랑하고 분명하면서도 애교가 있는지 지나가는 사람도 그것을 보고는 홀릴 만하다. 과연 사랑스럽다.

하지만 10월 바람에 감기 기운이 좀 있어서인지 제시는 기침을 조금씩 하고 있다.

1940년 11월 1일, 금요일, 사천성 기강

아침부터 날씨는 퍽 맑고 따뜻하다. 그러나 공습경보는 없이 한 날을 지나게 된다.

오늘, 일본군이 '안남'에서 철퇴하고 남령과 용주 등지인 광서선이 철퇴되며, '강소성 소흥'이 광복되었다는 중국 신문의 보도가 있었다. 과연 국제 정세가 일본에게 퍽 불리한 모양이다.

제시는 온종일 잘 놀고, 저녁에는 졸음이 자꾸 오는 것을 세수시키고 발을 씻겨 주니 퍽이나 괴롭다고 울며 소동을 피우다 졸음나라로 그만 여행을 가고 마는 모양이다.

1940년 11월 2일, 토요일, 사천성 기강

음력으로 10월 3일 단군의 탄신일이요, 건국 4270회 되는 개천기원절이다.

오늘 개천기원절 행사가 기강에 우거하는 교포들에 의해 거행되었다. 남녀노소 삼십여 명이 아침 8시에 일제히 모여 식을 지내고 떡을 넉넉히 해 오래간만에 모두들 배불리 먹으며 성황을 이뤘다. 제시도 한몫을 하고 돌아와서는 종일토록 잘 놀았다.

한교 가족들이 하나되는 기쁜 날에 걸맞게 날씨는 퍽 명랑하고 좋다.

1940년 11월 9일, 토요일, 사천성 기강

비가 오던 뒤끝이 되어서인지 햇볕도 잘 나지 않고, 바람도 쌀쌀히 불어오는 날이었다. 오늘은 기강 땅에 우거하여 지내 온 지 만 1년 6개월하고 12일 되는 날로, 제2의 고향 같은 이곳을 떠나서 중경 근교에 새로 건설되는 한인부락 '토교'로 이사를 가게 되는 날이다.

아빠는 공무로 말미암아 중경 시내에 계시게 되고, 남은 식구들은 토교로 가서 지내게 된다고 한다. 살림하던 세간을 전부 다 배에다 싣고, 민로 부인과 신삼강(순호 부친) 댁 식구들과 같이 탔다. 우리를 실은 배는 오전 11시 20분에 떠난다.

전송 나온 남녀노소 수십 명은 배 떠나가는 강 언덕 위에 서서 손을 흔들어 전송한다. 한 건물 안에서 같이 살던 식구들이 특히 몹시도 서운해한다. 이로써 '기강'은 당분간인지 영영인지 작별이다. 엄마는 어지간히도 이곳을 떠나고 싶었던 때가 있었다는데 웬일인지 서운해하는 빛이다.

우리 일행은 순풍에 돛 달고 물결 따라 잘도 흘러가는데, 사공의 말에 의하면 강물이 적어 걱정이 된다고 한다. 그 말대로 '기강'서 삼십 리쯤 와서는 모래 여울에 배가 걸려 두 시간 이상을 애쓰다 간신히 끌어 내어 가지고, 한 2리 가량 더 와서는 작은 마을 부두에 배를 대고 그 밤을 지내게 되었다.

낯선 곳, 낯선 상황에 처해지는 것도 이제는 익숙한 일이지만 어딘지 이름 모를 곳에서 보이지 않는 깜깜한 눈앞의 풍경을 응시하고 있으려니 묘한 두려움과 불안감이 떠오르곤 한다. 지금 내가 어디에 서 있는 건지, 이 순간이 무엇을 의미하는지, 내 앞에 무엇이 펼쳐져 있는지 결코 알 수 없는 인생의 비밀처럼....

1940년 11월 10일, 일요일, 사천성 기강

아침 6시쯤 하여서 배는 출발했다. 기강에서 '강커우(江口)'라는 포구까지

오는 데 거리는 160여 리밖에 안 되는데도 크고 작은 여울이 108개나 있다고 한다.

그 여울들을 지날 때마다 뱃사공과 선원은 근심을 하며 노력을 해서 넘기는데 몇 번째 여울인지는 모르나 '금사탄'이라는 여울을 지나다가 탄에 걸리고 돌에 부딪혀 하마터면 배가 깨어지지 않으면 전복되는 위기에 처했다가 간신히 바로잡히었다. 배에 앉아 있는 사람도 겁이 났지만 사공은 하늘을 우러러보며 간곡히 구원을 청하고, 선원들은 사색이 되어 필사의 노력을 다해 구원해 냈다. 절망에 가까운 찰나, 배 안에 앉아서 움직이지 못하고 있던 사람들의 느낌은 제각기였겠지만, 그 순간을 기다리는 내 머리는 그리 안정되고 텅 비어 있을 수 없었다. 처음 생사를 앞에 놓고, 그 마음가짐을 경험해 본 것이었다.

위기를 넘긴 배는 지친 몸을 이끌고, 작은 포구를 찾아 그 밤을 쉬어 가기로 했다. 오늘 무슨 일이 있었는지는 까맣게 잊은 채 잠이 들 것 같다.

1940년 11월 11일, 월요일, 사천성 기강

배는 아침 일찍이 떠나 곤곤히 '강커우(江口)'에 도착하니 오후 두 시였다. 그러나 바람이 역풍인 데다 심하게 불어 좀 잔잔해진 다음에 떠나기로 하고 기다리고 있다가 세 시쯤 해서 좀 잔잔해져 간다고 하여 다시 떠나게 되었다.

포구 밖을 막 나서자 유명한 양자강 회전수에 배가 잘못 들어서 그 몇 번이나 강물과 같이 돌고 할 적마다 험악한 바위에 가 부딪히는 듯하다가는 요행히 탈출되었다.

우리 일행이 탄 배가 이곳에 이르기 전에 배 두 척이 침몰했다는 소식을 들으니 더욱이나 아찔했다. 여울보다 더 험하고 무서운 곳이다. 탈출도 어렵지만 여러 번 배가 물을 따라 회전을 거듭하면 마지막 회전이 끝나는 중심점에서 침몰한다는 것이다. 회전수에 끌려들어갔을 때 남자분들은 말하기를 온 천지가 그렇게 아득할 수가 없었다고 한다. 멋도 모르는 나와 부인들은 웬일인지 몰라 신기하게 쳐다보았을 뿐이었다.

이국 땅에 와서 조국을 찾겠다는 의지를 가지고 활동하는 우리의 생명을 지켜 주시고 보호해 주신 하느님께 무한한 감사를 드리며 성공이 있을 때까지 지켜 주시기를 진심으로 기도드리는 바다.

난리를 겪고 난 우리는 가장 가까운 포구로 들어가서 그 밤을 지내기로 했다.

1940년 11월 12일, 화요일, 사천성 기강

아침 일찍 떠나서 위동치(漁洞鎭)라는 포구에 아침 9시쯤 해서 도착했다. 신고 오던 다른 사람들의 장삿짐을 내리고는 오후 3시나 거의 되어서 떠나게 되어 5시가 지난 시간에 리자터우(李家頭)에 도착했다.

March 1st of 1931, Canton.

3

제2의
고향,
중경

濟 始 의 日記

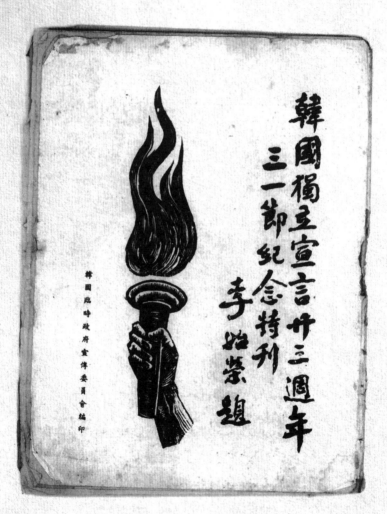

한국 독립선언 23주년 기념 특판 (할아버지 유물 중에서)

보금자리 만들기

1940년 11월 13일, 수요일, 사천성 중경

토교(土橋)로 처소를 정한 신 선생과 민 선생 댁 짐은 '리자터우'에 내려놓고 우리 행리와 공용물 책상, 그리고 의자들 약 삼십 개를 다시 실었다. 전날 작정한 대로 우리 짐은 바로 중경으로 들어가게 된 때문이다.

11시 10분에 '리자터우'를 떠나 오후 2시 반에 중경시 남치문 마투(馬頭)에 도착되어 우리 행리와 다른 짐들을 챙겨 가지고 임시 정부 청사인 화평로 우수예샹 1호에 들어와 우선 은신하게 됐다.

1940년 11월 14일, 목요일, 사천성 중경

저녁 5시에 한국 광복군 총사령부 주최인 '루별회'에 참가하여 처음으로 중국 채관에 출입을 했다가 저녁 늦게 처소로 돌아와 잤다.

방에 광선은 부족하나 진기등이 있어 그럭저럭 지내고 있다. 집 안에 전등불을 켜고 살기는 여러 해 만인 듯싶다. '기강'에서는 접시에 기름을 붓고 참지나 솜으로 심지를 해서 담아 놓고 불을 켜서 어둠을

면하고 살았는데....

주변이 모두 어린애 없는 집이라 김구, 이시영 선생님들을 위시하여 여러분들에게 귀염을 받으며 지내는 제시는 중경 생활이 재미로운 듯싶다.

1940년 11월 17일, 일요일, 사천성 중경

오늘은 제1회 애국선열 기념일이다.

중경시에 거주하는 한국독립당 당원들과 그 가족 삼십여 명이 모여서 장엄하게 지내는데, 오늘의 이 모임은 우리가 이곳의 사회 집합에 처음으로 참가하는 의미 있는 시간이기도 하다.

1940년 11월 29일, 금요일, 사천성 중경

두 주일 남짓 우거하던 기관집에서 다시 떠나 강을 건너 '강북 무고가 13호' 집으로 이사를 가게 됐다. 저녁 늦게야 일반 행리가 모두 도착되었다.

새로 이사 온 강북의 집은 기관집 방보다는 광선이 잘 들어서 방이 밝아좋지만 전등이 없어서 큰 허물이다. 방 안의 가구는 그리 좋지 않지만 웬만큼 많이 있어서 다행히 구차함을 느낄 수 없다.

이층방으로 곧 필제네 집(조소앙 선생 가족)이 이사 오고, 대청마루를 지나바깥방에는 *최형록 씨와 *조계림이 살고 있다. 일층에는 *이청천 선생(지청천 장군을 말함) 댁과 그 사위 심광식 씨 가족이 바로 우리 방 아랫방에 살고 있어 모두 다섯 세대가 옹기종기 붙어 있기에 적적한 느낌이 없어서 좋다.

1940년 12월 20일, 금요일, 사천성 중경

안개가 별로 없는 아침이다. 창가에는 태양 볕이 조용히 비치고 있는 근래에 드물게 보는 선명한 날씨다. 그러는 가운데 날이 맑으니 사람마다 말은 안 하지만 속으로는 공습경보가 나지 않을까 조바심을 가지고 있는 듯싶다. 이 건물 안에 사는 이들도 서둘러 아침밥을 9시 전후해서 다 끝낸 모양이고, 우리 집에서도 일러야 10시 이후에 먹던 아침을 9시 반쯤 되어서는 거의 끝낸 모양이다. 제시도 일기가 좋은 것을 흠탄하나, 지나가는 증기선의 고동만 나도 '경보 아니야?' 하고, 문밖에서 땅 땅 치는 소리만 들려와도 '경보 아니야?' 하는 소리가 나온다.

1940년 12월 24일, 화요일, 사천성 중경

크리스마스 이브다. 아빠는 공무로 저녁 늦게야 돌아오시곤 하는데 오늘도 몹시 바쁘셨던 모양으로 늦으셨다. 제시 선물을 못 사다 주었다고 퍽 섭섭해하면서 화성(땅콩)과 사탕을 꺼내 놓으셨다. 그것만 해도 어디인가? 땅콩으로 '화성탕'을 만들어 주어 제시는 퍽 맛나게 잘 먹으며, 그 이름을 몰라서 '밀가루 이렇게 동그랗게 한 것'이라고 이름을 붙였다.

하루 종일 제시는 어디서 빨래하는 구경을 했는지 판자를 갖다 놓고는 무릎을 꿇고 앉아 빨래하는 흉내를 내며 놀고 있었다.

아침에 일찍 가셨다가 늦게야 돌아오시는 아버지가 집에 오시면 얼마나 반가워하곤 하는지, 아버지가 오셔서 저녁을 먹고 나서는 '풀마', '방아찧기'*를 한참씩 찧고야 7시 반쯤 되어 겨우 몸을 씻고는 잤다. 이야기가 늘어

---

* **풀마**: '풀무' 또는 '풀매'라고도 하는데, '작은 맷돌'을 뜻한다. 어른들이 풀무질 할 때처럼 아이 몸을 잡고 밀어다가 당겼다 하는 아이들 놀이를 말한다.
* **방아찧기**: 아이의 두 손을 잡고 양다리를 번갈아 들게 한다. 그 모양이 꼭 방아가 절구 찧는 것을 연상시킨다.

못 하는 행동 없이 떠들며 놀기에 바쁜 제시에게 잠자는 시간만큼은 절대적

인 휴식 시간이다.

제시에게 희망의 새해를!

신사년(辛巳年), 1941년, 대한민국 23년

1941년 1월 1일, 수요일, 사천성 중경

희망의 1941년은 무상한 유쾌와 기쁨을 가득히 담아 지고서 가불가불 동편에 솟아오르는 태양과 같이 광명한 빛을 띠고 올라오도다!

일출의 그 빛처럼 새해에 좋은 희망과 서광이 우리 가정과 우리 민족 사회에 돌아오기를 오로지 바란다.

중경시의 백만 시민은 새해를 맞이하느라고, 또 각 기관은 소속 직원들과 같이 예식을 거행하고 연회를 하느라고 축배를 가득 부어 들고 피차 듣기 좋은 얘기를 주고받으며 지낸다.

일기는 그다지 명랑하지는 못하나 좋은 일기라고 할 만하며 다행히 공습이 없이 한 날을 지낼 수 있었다. 새해 벽두부터 공습으로 시작하지 않는 것이 얼마나 큰 다행인지.

십여 일 동안 회의가 열려서 내왕하시던 아버지는 묵은해와 같이 일을 끝내시고 오늘은 신년 축하식과 연회가 있다고 아침 일찍 강 건너 가셨다가 저녁 해가 거의 넘어갈 무렵에 돌아오셨다.

제시에게는 세 번째 맞이하는 새해다. 제시도 들뜬 분위기 속에서 한 날을 지내다가 밤늦게야 잠자리에 들어 곤히 잠이 들었다.

1941년 1월 4일, 토요일, 사천성 중경

오늘은 새해 인사를 드리기 위해 전 식구가 중경기관 집을 심방하여 선생님들께 세배를 올리기로 했다. 강 건너 정부 집으로 향했다. 몇몇 분을 제외하고는 거의 다 뵙고 세배를 드리고 많은 사랑을 받았다. 제시는 노인 선생님들로부터 사탕, 과자, 반찬거리까지 받고 기쁨에 찬 모습으로 놀다가 집으로 돌아오는 길에 가릉 강변에 거의 다 와서는 몹시 피곤한지 아빠 품에 안기어 강을 다 건너올 때까지 한잠을 늘어지게 자고 깨어서야 정신을 차리게 됐다.

사고 파는 물건이 오밀조밀 많은 시내여서 그런지 제시는 상점에 있는 물건이든 길가에 놓여 있는 것이든 가지고 싶은 것은 사 달라고 요구를 하기 시작한다. 이제 이 아이가 세상에서 가지고 싶어 하는 것은 얼마나 많아질까? 생후 세 돌이 못 된 아이에게 자신의 것으로 만들려고 하는 욕심이 생겨난다. 내 것이란 이름으로 가지고 싶은 마음. 사물이나 사람이나 자신의 것으로 만들지 않고 함께 보고 나눌 수는 없는 것인가. 세상의 갈등과 괴로움을 단지 소유욕으로 단정 지을 만큼 간단한 일은 아니겠지만, 오늘 우리가 갖는 많은 절망과 어둠이 욕심에서 비롯되는 게 아닌가 다시 생각해 보게 된다.

엄마, 아빠, 제시, 세 식구의 가족사진
(희망의 새해, 1941년을 맞이하는 세 식구)

1941년 1월 17일, 금요일, 사천성 중경

어제부터 빗방울이 뿌리며 좀 춥기 시작하더니 오늘도 여전히 흐리고 음산하다.

제시가 '화성탕'을 사다 달라고 하여 화성(땅콩)을 한 근 사다가 만들어 주었더니 어제 온종일 잘 먹고 오늘은 안 먹으려 한다. 무엇이나 하루 이틀 먹고는 더 계속해서 먹지 않으려 한다.

오늘은 동네 애들이 구슬 장난 하는 것을 호기심을 갖고 유심히 보더니 저도 가지고 놀고 싶은 표정이어서 데리고 상점으로 나갔더니 겨우 두 개를 가지고 와서 장난하며 그렇게 만족해할 수 없었다.

그 귀한 구슬을 밤에 자리 위에서 가지고 놀다가 한 알을 떨어뜨리고는 어디로인지 굴러간 것을 찾지 못하고 잠이 들더니 한밤중 자다가 '마마, 구슬 있어요?' 하고 잠꼬대를 하고는 계속해서 잤다.

어지간히 속상했었나 보다. 아침에 일어나서도 계속 분주하더니 기어코 구슬을 찾아내어 구슬 두 개를 가지고 재미나게 놀고 있다.

제시에게는 세상 무엇보다 소중한 보물이다. 우리들에게 있어서 보물이란, 각자에게 가치를 지니고 있는 물건이다. 모든 사람들이 똑같이 소중히 여기는 것보다는 작은 구슬과 같이 나에게만은 어느 것보다 특별한 의미를 갖는 것이 참보물이 아닐까.

나에게 그만한 가치를 지닌 것이 이 세상 어디에도 없고, 돈으로 계산할 수도 없는, 내 마음 속의 무한한 기쁨을 불러일으키는 것 그리고 나의 생각과 생활이 담겨 있는 그런 것이 진정한 보물로서 자리한다면, 그만큼 사람들의 보물 구경이 더 흥미롭고 가치 있어지지 않을까? 제시의 보물, 유리구슬이 내가 가진 보물을 다시 생각하게 만든다.

1941년 1월 22일, 수요일, 사천성 중경

며칠째 일기가 좋았지만, 오늘은 특별히 아침부터 맑고 화창한 일기라 기분도 좋고 마음도 밝아지는 듯 유쾌하다. 중경에서 이런 날씨를 보는 건 쉬운 일이 아니라고 하는데, 요즘 같아서는 중경도 살기가 괜찮은 곳 같다.

하지만 좋은 날씨 덕인지 12시가 채 못 되어서 공습경보가 났다. 모두들 피난 가는 통에 우리도 중산림 방공동으로 피난을 갔었다. 적기가 어디인지 갔다가 중경 상공을 지나가는 소리가 들렸을 뿐이고, 지상에서는 고사포(비행기를 쏘는 대포) 쏘는 소리가 몇 번이나 나기도 했다. 오후 세 시가 되어서야 해제경보가 나서 곧 집으로 돌아왔다. 날씨가 좋은 날, 어김없이 공습이 온다. 마치 인간지사 새옹지마, 좋은 일이 있으면 나쁜 일이 함께 온다는 옛말처럼, 나쁜 일이 오고 나면 다시 좋은 일을 기다리게 되는 심정으로 포탄 소리에 우리는 기다리고 또 기다린다. 조국으로 돌아가게 되는 그날까지.

1941년 1월 25일, 토요일, 사천성 중경

이삼 일째 일기가 음습하고, 성긴 빗방울이 오락가락했다. 덕분에 도로는 질척질척하고, 신발은 흙투성이가 되어 통행에 불편이 많지만, 음력 세밑이라고 해서 인산인해로 쏟아져 나오는 사람들은 도리어 일기가 이처럼 흉하게 흐린 것을 좋은 기회로 알고 희희낙락하며 있다. 공습의 경보를 걱정할 필요가 없기 때문이다.

각종 상점에서는 사람이 많이 오고 가는 이 기회에 자기네의 파는 물건을 소개하느라고 별별 형형색색의 수단을 다 동원하고 있다. 3년 남짓 전쟁 중에서 들어 보지 못하는 음악대를 갖춰 놓고 오고 가는 사람들의 발을 멈추려는 상점, 상점 유리창과 담벼락 등에는 싸게 판다는 것을 광고하는 상점의 광고 문구가 빈틈없이 붙어 있어 지나가는 사람의 시선을 붙잡고 있다. 그러나 사실은 별로 싸게 파는 것이 없는 듯하다.

전시가 되면 통화 팽창으로 돈이 흔하다는데 과연 그러한가 보다. 거리에 장 보러 다니는 사람이 맨손에 사오십 원씩 들고 다니는 것쯤은 흔히 보는 일이다. 그것으로 보아 도대체 주머니 속에는 얼마나 들었는지!

하여간 그 인파를 뚫고 제시도 음력 설을 겸해서 달큰한 것을 좀 사 주려고 캔디샵(다과점)에를 안고 가서 '이 많은 중에 무엇을 주랴?'고 물었더니 다 돌아보고 나서 찹쌀엿 같은 것을 궐련같이 만들어 놓은 것을 사겠다고 한다. 울긋불긋 화려한 모양도 많은데 하필이면 고향에서 많이 보던 수수한 찹쌀엿 같은 것을 집는 것이었다. 제시는 찹쌀엿 구경도 해 보지 못했는데 말이다. 한 봉지를 사 주었더니 어찌나 좋아하는지! 제시는 과자보다 사탕 종류를 더 좋아하는 양 싶다.

이틀 후면 음력으로도 경진년을 전송하게 된다. 그리고 신사년을 맞게 되는 오늘, 바라기는 경진년, 1940년과 같이 불행한 일, 더욱이나 예측이 불가능하고 참혹한 적기의 횡자는 덜 당하게 되기를 빌어 마지 아니하는 바이다.

1941년 1월 27일, 월요일, 사천성 중경

음력 정월 초하루다. 음력 설을 가장 큰 명절로 지키는 것이 중국 사람들, 그네들의 풍속 습관이다. 그래서인지 전쟁 중에도 음력 설은 잘 지내야 된다며, 사오백 원씩 비용을 써 가며 음식을 준비하고 분주히 지내는 사람들이 많은 것을 볼 수 있다. 도리어 가석(可惜, 애틋하게 아깝다. 가엾다)하게 생각된다.

우리 가족은 설이라 하여 특별히 다른 것 없이 그저 간절히 빌 뿐이다. '희망의 새해여, 과연 크고 좋은 희망을 가득 싣고 더욱이나 우리 민족에게 임하여지이다. 그리하여 이 새해에는 각종 소원을 각기 성공케 하여지이다'

우리 딸 제시의 소망은 아마도 매일 새로운 과일과 간식들의 수가 점점 늘어나는 것일 것이다. 요즘은 같은 종류의 간식품을 이틀 계속하여 주면 이웃집에 가져다 주라고 한다. 새해를 맞이하여 더욱 건강하고 지혜로운 아이로 자라 주었으면 하고 바라고 있다.

1941년 2월 8일, 토요일, 사천성 중경

온화하고 맑은 날씨였다. 제시는 엄마의 눈을 피해 가며 물장난을 하는 모양인데 한참 있다 나가 보니 머리에 물을 함빡 바르고 기름한 기와 조각편을 들고 빗질을 하며 놀고 있는 것이다. 그래서 거의 저녁때가 다 되었지만, 물을 데워 더운물에 머리를 감기고 목욕을 시켜 볕 비치는 곳에 앉히어 젖은 머리를 말리도록 해 주었다. 안고 머리를 감기어 주는 것을 하도 질색하여 오늘도 좀 울며 법석을 떨었다.

저녁 5시쯤 하여 성도(成都市, '중경'에서 '서안' 가는 길목에 자리한 도시)에 가셨던 *권일중 선생이 찾아오셨다. 성도 화서대학에서 교수하는 엄마의 친구 *김윤택 동창에게서 제시에게 보내 온 장난감을 가지고 왔다. 제시는 처음으로 받는 좋은 장난감이라 몹시도 좋아했다. 먹이를 쪼아 먹는, 차에 실린 커다란 새였다. 끈을 매어 주었더니 끌고 다니며 자랑도 하고 놀다가 다시 들고 들어와서는 밥을 달라고 하더니 모이 그릇에 담고, 그다음엔 병을 들고 주방으로 가서 물을 떠다 부어 주며 곧잘 놀고 있었다.

저녁 7시쯤 해서 빠빠가 돌아오시니 컴컴한 등잔불 밑에서 놀던 제시가 선물을 보여 드리려고 급히 달려나가다 그만 걸상에 부딪혀 넘어지며 새발을 떨어뜨리고는 몹시 걱정스러운 표정을 하는 것이 가엽기도 귀엽기도 했다.

1941년 2월 16일, 일요일, 사천성 중경

오늘도 춥고 음산한 날씨다. 그러나 아빠가 집에 계시는 날이라 세 식구는 야외로 산책을 나갔더니 미나리가 흠뻑 자라고 있는 것이 눈에 띄었다. 그저 지나 버리기에 너무도 아까워서 빠빠와 마마는 미나리를 먹을 만큼 담뿍 뜯어 가지고 와서 아빠는 글을 쓰시고, 엄마는 미나리를 다듬고 계시는데 뜻밖에 권 선생이 성도 계시는 마마 동창생인 김윤택 아주머니를 모시고 오셨다. 그러나 제시는 웬셈인지 옆집 필제를 불러 '우리 집에 손님 오셔서-' 하며 달아난 후로 소식이 없는 것이다.

선물을 싸 들고 오신 아주머니께서 제시에게 직접 전하겠다고 하시는데 뒤늦게 나타난 제시는 방에 들어오지도 않고 있어 윤택, 그이가 나가 안아 주려고 하니 울음을 터뜨려 맞이하는 바보짓을 처음 하였다. 요 전날, 옆방에 중국인 부인과 처녀 등 사오 명이 여러 날 와서 있으면서 제시가 알아듣지 못하는 말로 제시를 불러 이야기하려고 하는 것이 퍽이나 서툴러서 그네 둘이 무어라고 하든지 가까이 오면 피해 버리곤 했는데 그것이 습관이 되었나 보다.

그분들이 다 돌아가신 뒤에, 제시는 선물인 모자와 털저고리를 뒤적이며 입어 보고, 머리에 써 보며 다음날 만나면 도망하지 않고 인사하겠다고 약속을 했다. 벌써 수줍음을 타는 나이가 됐다.

1941년 3월 1일, 토요일, 사천성 중경

수일 내리던 비는 개었고 아침은 경쾌한 바람이 선들선들 불어서 더욱이나 경쾌하다. 오늘은 삼일절이다. 우리네의 큰 경축일이다.

아침 6시에 일어나서 조반을 해 먹고는 모든 준비를 해 가지고 근처 집 교포 식구들과 같이 경축식에 참석하기 위해서 강 건너 중경시 실험극장으로 찾아갔다. 장소는 옹기종기 단장하였는데, 문 앞에는 커다란 태극 국기와 청천백일기가 문간에 교차되어 있었고, 실내로 들어가 보니 정면에 커다란 태극 국기가 걸려 있었으며, 사방 벽에는 의미 깊은 표어들이 붙여져 있었다. 내빈도 많이 참석했고, 식장에는 주인과 내빈이 아울러 근 삼백 명이나 모여 엄숙히 식을 지내었다.

식을 끝내고 우리 교포들은 정부 청사로 가서 점심을 맛나게 먹고 오후 세 시에 집으로 돌아왔다. 이곳 중국 땅에서 삼일절을 또다시 한 번 지냈다.

친애하는 미세스 양 1941. 3. 11

너무 바빠서 돌아온 이후 편지를 마음만큼 많이 쓰지 못했다. 어떻게 잘
지내니? 가족들은? 사랑스러운 작은 소녀, 제시는 어때? 제시는 너무도 귀
여워서 언젠가 훔치고 싶은 생각이 든다. 제시를 잃어버리고 싶지 않다면
나에게서 잘 지켜야 할 거야. 너의 아기는 머지않아 곧 나오겠구나. 새 아기
에 대해서 모든 걸 나에게 써 주어야 해. 그럴 거지? 그리고 당분간 너 자신
한테 신경 많이 쓰고, 떠나오기 전에 다시 너를 볼 수 없어서 섭섭했다. 너를
방문할 시간이 좀 더 있었으면 좋았을 텐데 말야.

나는 여기 열흘 전쯤에 도착했어. 그리고 그 후로 대장처럼 지내고 있다.
아이들은 나를 만나서 기뻐하고, 나도 역시 당분간은 여기 있는 게 즐거울
것 같다. 중경은 Chengtu에 비하면 무척 살기 나쁜 곳이야. 나는 대학교 캠퍼
스 안에 무료로 멋진 집을 빌렸다. 그곳엔 아주 좋은 학교들이 많아. 중경처
럼 그렇게 시끄럽지도 않고 나는 이리저리 멀리 돌아다닐 필요도 없단다.
여름이 오면 다시 볼 수 있을 거야. 아무튼 중경에 다시 들를 거니까 말야.

나는 세 개의 다른 대학교에서 가르치고 있어. 나는 정말 밖에 일을 시작
한 만큼 좀 더 외국에 나가서 넓게 공부해 보고 싶은 생각이 든다. 가능하면
올해 미국에 가고 싶은데 무엇보다 태평양전쟁이 끝나야 할 거야. 그리고
너도 새 아기가 곧 자라고 나면 집에만 있지 않고 무언가 일을 할 수 있을
거야. 나는 유능하고 교육받은 여성들이 사회에서 활발하게 활동해야 한다

고 봐. 만약 여자들이 자유롭고 남자들처럼 생을 살고 싶다면 그렇게 해야 해. 단지 남자들이 우리를 위해 해 줄 것을 기더하지 말고 말야.

  그만 여기서 마쳐야겠다. 시간 나면 새로운 소식을 나에게 전해 주렴. 너와 미스터 양에게 안부 전하고, 특별히 제시에게 아줌마로부터 특별한 키스를 보낸다.

너의 충실한, 윤택

김윤택이 엄마에게 보낸 영문 편지

동생 제니를 만나다

1941년 3월 29일, 토요일, 사천성 중경

온종일 가랑비가 내리고 있다. 마마는 몹시 이상스러워하는 날이었다. 몸이 불편하다면서 준비물들을 챙겨 놓기에 분주하셨다. 드디어 산기가 임박하신 것이다.

밤 9시부터 매 15분에 한 번씩 산고로 고생하시다 십 분에 한 번씩 참기 어려울 만큼 고통이 심해진 모양인데, 제시는 옆에서도 태평하게 잠을 잘 자고 있다.

해산하려고 병원에 몇 번이나 다녔지만 공습의 우려도 있고, 위생상 집에서 산파를 데려다 해산하는 게 좋겠다고 해서 그러기로 했다. 이웃에 함께 살고 있는 지청천 장군 부인, 조소앙 선생, 부인 그 매(妹) 씨 이렇게 세 분이 건너오셔서 출산을 시키도록 내정했다.

1941년 3월 30일, 일요일, 사천성 중경

곤하게 자고 있던 제시는 어제 저녁부터 해산하시려고 신음하고 계신 엄마를 위로하겠다면서 전에 없이 새벽 2시가 좀 지나자 깨어 일어나 앉아서 엄마의 신음소리를 이상한 표정을 하고 듣고 있었다.

새벽 3시 15분이 되자, '으악' 하는 소리와 같이 새 식구가 하나 생겼다. 둘째 딸이었다.

제시는 너무 신기해하고 또, 좋아했다.

그러나 같은 순간, 옆방에서 시계를 들고 이제나 그제나 하며 기다리고 계시던 조소앙 선생님의 초조한 모습과 남아가 태어나기를 바라던 김구 선생님 이하 여러 노인 선생님들(원로 국무위원들)의 느낌은 달랐다. 그분들은 아기가 귀한 한교 사회에서 새 생명이 태어날 것이라는 말에 모두 모여 아기가 태어난 시를 따져 보셨고, 신기하게도 장차 나라를 구할 인재가 태어날 시간이라며 모두 큰 기대를 하고 계셨다. 막막한 앞날에 희망을 가질 수 있겠다는 기대를 갖고 잠시나마 설레는 마음으로 기뻐들 하고 계셨던 것이다. 하지만 딸이 태어났다고 전하자 그만큼 실망이 크셨다.

그 모든 분들과 더욱이 나에게 미안하다고 후에 마마는 이야기했다. 하지만 그보다 모두들 미래의 독립투사 한 명을 아쉬워하는 오늘의 현실이 더 안쓰럽게 느껴진다.

1941년 4월 4일, 금요일, 사천성 중경

새 아기가 난 지 만 6일 되는 날이다. 오늘도 날씨가 그리 흐리지 아니해서 공습경보가 나면 어쩌나 하는 근심이 있었다. 요즘 산모와 식구들 식사는 복영 어머님(윤용자, 지청천 장군 부인)이 수고를 하시어 잘 먹고 지낸다. 그분이 산파 역할 겸 모든 뒤처리를 총괄하고 계시다. 우리 가족에게 어머니의 역할을 맡으셨다.

제시는 요즘 엄마와 같이 매일 음식을 몇 번씩이나 먹건마는 신색은 전만 못하게 보인다. 공원으로, 거리로, 아빠와 산보도 부지런히 다니건만!

어제 저녁에는 자다가 말고 일어나서 엄마와 같이 자겠다고 해서 자리를 옮겨 한 시간 가량 자다가 덥다고 다리질을 하여 다시 아빠에게로 쫓겨 왔다. 이제 제시는 아빠의 몫이 됐다.

1941년 4월 21일, 월요일, 사천성 중경

더위는 계속되고 있다. 제시는 온종일 아래위층을 오르내리며 분주하게 잘 놀았다. 오후 5시 반쯤 해서 갑작스럽게 일기가 흐려지더니 광풍이 불기 시작하여 여덟 시까지 계속 부는데 본래 폭격에 부서지고 남은 건물이라 기와가 다 날아가고 천장에서 모래비가 쏟아지는 것이다.

제시는 아기를 안은 엄마를 따라 아래층으로 피난을 가서 저녁을 먹고, 잠이 들어서야 안겨 올라와 자리에 들었다.

허물어진 집에서 지낼 일이 막막하다.

1941년 4월 30일, 수요일, 사천성 중경

오늘은 4월의 마지막 날! 일기는 맑고 덥다.

애기가 출생해서 한 달 동안 날씨가 흐리고 비가 오는 날이 많은 관계인지 공습경보가 없어서 산후 치료에 퍽 도움이 되더니 오늘은 공습경보가 울리어 애기를 부둥켜안고, 제시는 이웃 아주머니 손을 잡고 방공호로 찾아갔다.

몇 시간 있다가 해제되어 곧 집으로 돌아왔지만, 그 사이 방공동 담 쪽으로 향했던 왼쪽 옆구리가 몹시 찬 느낌이 있어 불쾌하더니 집에 돌아온 후로는 왼쪽 옆구리가 시리고 아프기까지 하여 당분간 방공호로 갈 수 없을 것 같다. 아무래도 산후 조리에 무리가 되었던 탓이다.

그새 제시는 삼 일간이나 회충약을 먹었지만 아무런 결과도 나타나지 아니한다. 얼굴이 좀 검은 것 같아 걱정이 되어 먹인 것인데, 어떻게 된 것인지 의사의 말은 그래도 관계치 말라고 하지만은 한편으로는 싫어서 얼굴을 찡그리며 먹은 것이 애처로워 보인다.

그 후에도 별다른 변화 없이 잘 놀고 있으니 의사의 말과 같이 제시의 피부 색소가 원래 그런가 하고 있다.

중경, 그 끊이지 않는 공습의 시간

1941년 5월 16일, 금요일, 사천성 중경

여러 날 동안 굵고 가는 비가 내리다가 오늘 처음으로 태양이 비치는 맑은 날씨다.

사오 일간 일기 관계로 오지 못해서인지 유달리 아침 아홉 시도 되기 전에 적기가 떴다는 공습경보가 나고 곧 이어서 긴급경보가 울렸다.

제시는 옆 댁 필제가 손목을 꼭 잡고 군수학교 방공호로 갈 것을 약속하고, 엄마는 어린애를 안고 먼저 피난을 가셨단다. 무정하고 악착 같은 작탄은 지면에 부딪힐 적마다 천지를 뒤흔드는 듯, 산악이 무너지는 듯한 소리를 내서 이삼 리 내지 사오 리 밖에서도 고막이 상할 만큼 요란했다고 한다. 무서운 광경이 아닐 수 없다. 특히 아녀자와 아이들만 따로 떨어져 피난을 했어야 하는 상황이었으니 그 고충이 얼마나 컸을 것인지....

오늘의 공습은 중경시를 심하게 폭격하여 불이 난 곳이 많았고, 무너진 건물도 많았다고 한다. 우리 집도 원래 성한 곳은 아니라 이리저리 지붕만 막아놓고 살고 있는 셈이지만, 그나마 건물이 무너지지 않은 것만으로도 다행스럽다.

이런 생활을 벌써 4년간이나 보내고 있으니 앞으로 얼마나 계속되려는지 진실로 기가 막히고, 초조한 마음 비할 데가 없다.

5월은 중국 땅에 있어 참혹한 기념일이 많기로 유명한데, 지금은 공습이 가장 많은 달로 꼽히고 있다. 마음과 생활의 안정을 기할 수 없는 5월이다.

1941년 5월 22일, 목요일, 사천성 중경

무더운 날이었다. 게다가 아침 9시 반쯤 해서 적기의 공습경보가 나자 방공호를 찾아 달리는 사람들 틈에 끼어 아빠와 같이 제시는 신나게 달음질하고 있다. 오래간만에 아버지와 같이 피난을 가게 되어서인지 더욱 유쾌한 모습이다. 태어난 지 8주된 제니도 엄마 품에 안겨서 군수학교 방공동으로 피난을 갔다. 그러나 방공호 안이 무덥고 비좁은 탓인지 자주 울어서 중국인들의 비난도 받았다.

오늘의 공습은 긴급경보까지 울리기는 했지만, 적기가 다른 곳으로 갔기 때문에 별일 없이 12시가 거의 되어서 해제가 됐다. 피곤한 하루였지만 밤에는 웬셈인지 빈대가 극성을 부려 아빠가 여러 번 일어나 빈대잡이를 했고, 그 모습을 지켜보던 제시는 그만 잠이 들었다가 침대에서 떨어졌다. 그러나 조금 울다가는 다시 잠이 들었다. 너무 곤한 날이다. 힘들 텐데도 아이들은 무던히도 탈없이 자라나고 있다.

1941년 6월 8일, 월요일, 사천성 중경

어제부터 비는 올 듯 올 듯하면서도 이따금 빗방울이 떨어질 뿐 만족하게 내리지 않고 무덥기만 하다. 일기 관계인지 온종일 공습경보가 나지 않고 있어 그것만큼은 다행이다.

제시는 말수가 점점 늘어 가고 장난이 심하여, 어른들이 일러 주는 말씀은 잘 듣지 않아 때로 미움을 받고 있다. 반면에 제니는 점점 자라며 사람을 대하면 웃고, 아르랑 소리를 내고 버둥거리며 잘 자라고 있다. 모든 행동이 제시보다는 완강한 느낌이 있다. 큰 인물이 될 것이라던 원로 선생님들의 희망이 비록 여자아이인 제니에게도 담겨 있기 때문일까?

그 희망이 실망으로 바뀌긴 했지만, 우리에게 희망을 키워 가는 일이 절실한 지금이다. 제니가 커 가듯 사람들의 희망도 함께 커 갔으면 좋겠다.

1941년 6월 22일, 일요일, 사천성 중경

어제는 온종일 큰비가 내렸다. 비가 좀 왔으면 하고 기다리던 중경 시민의 기대에 오히려 지나칠 정도로 많이 내리었다.

백만 인구가 살고 있는 중경시는 한 달여를 두고 계속 폭격을 받아 시가지에선 별로 남긴 데가 없이 많은 건물들이 불에 타고 무너져 폐허같이 되었다. 아직 좀 남아 있는 집들마저도 작탄 떨어진 폭음에 그 몇 번이나 들었다 놓았다 해서인지 비가 내리니깐 집집마다 방바닥에 큰비가 내려 경황이 없었다고 한다. 이 구슬픈 사정이 일본 비행기의 횡작 때문이거니 하고 생각하면 일본이 정말 원수라 아니할 사람이 없는 동시에 이 설치(雪恥)를 생각할 때면 저마다 이를 힘 있게 움켜 물고 주먹을 터지도록 부여쥐지 아니할 수 없다.

오늘도 가느다란 비가 아직 내리고 있지만, 8시 반쯤 해서 공습경보가 또 울렸다.

그러나 일기도 좋지 않고 하여 긴급경보가 나면 방공호로 간다고 집에 남아 기다리고 있으려니 12시쯤 되니깐 해제경보가 나서 안심하고 지나게 됐다.

비에, 공습경보에 세월이 지나고 있다.

1941년 6월 30일, 월요일, 사천성 중경

여름이 가까워 오니 일기가 무던히나 덥다. 삼복이 가깝다는 탓인가 배겨 나기 어려울 정도의 더위다. 날씨가 이러한 데도 불구하고 적기의 폭탄 투하는 끝이 없이 이루어져 매일 처참한 광경을 보게 된다.

오늘은 우리네 식구들이 피난 가서 있는 방공동 건너편의 방공동이 작탄에 맞아서 사상자가 적지 아니했다고 한다. 그뿐만 아니라 우리 집에서 서너 집 건너의 집 대문 밖에 작탄이 여러 개 떨어져서 십여 동이 무너졌고. 공원 안에 있는 '공자묘정(孔子墓亭)' 등이 맞아서 반이나 무너졌으며, 전후문과 담장이며 그 근처 민가들이 많이 무너져 있다. 차마 보지 못할 지경으로 참혹하다.

그 중에서도 동편 공원 안에 위치한 '신생활 강북 복무사(新生活 江北 服務社)'는 정통으로 맞아서 집터도 남지 않았다고 하며 그 부근에 있던 크고 작은 나무들도 모두 뽑히고 부러져 동강이 나 버렸다는 것이다. 그 바람에 방공동 속에 은신하고 있던 우리들도 퍽이나 놀랐다. 해제가 된 후, 집이 어찌되었나 궁금해서 돌아와 보니, 아주 무너지지 않은 것만 해도 다행이었다.

1941년 7월 4일, 금요일, 사천성 중경

제시의 만 세 돌 되는 날이다. 비상 시기지만, 제시 생일 선물로 먹을 것이나 사다 축하해 주겠다고 생각했다.

그러나 요즘 적기의 광작이 연일 심해 염려하였더니 오늘은 전에 없이 아침 6시 반에 공습경보가 나서 아무것도 살 수 없이 되더니 10시 반에야 해제가 되어 집으로 돌아왔고, 저녁 6시가 채 못 되어서 야습이 또 온다고 경보가 났다.

그러다 보니 아무 정신없이 피난 다니기에 분주했고, 더위는 심하여 실내 온도가 거의 백 도나 되어 손에 부딪히는 것이 모두 뜨거운 것뿐이다. 실내 담벼락이 체온보다 더 더운 방에서 밤에 잠도 이루지 못하고 있다가 새벽녘이 거의 되어서야 잠을 좀 자게 되니 그 피곤함은 비할 데 없는 날이었다.

전등, 수도가 시설되지 못한 강북이라 물은 가릉 강물 한 지게에 일원 남짓 주고 사서 먹는데, 그 물도 그저 먹을 수 있는 것이 아니라, 물을 독에 가득 붓고는 백반을 휘둘러 놓아 두면 그제서야 흙물이 맑게 된다. 맑게 된 물을 끓여 식혀서 비로소 음료수로 사용하게 되므로 무더운 여름에는 음료수 때문에 고통이 심하다. 중국 땅 물이 거의 다 흐린 물로, 우리 고국 강산에 흐르는 물과는 너무도 대조가 된다. 그 물도 우리 가족만 먹는 것이 아니라 혼자 계신 국무위원들에게 나눠 드리고, 이웃집에서 달라고 해서 주고 하면 곧 바닥이 드러나고 만다. 어머니의 수고가 오죽 심한 게 아니다.

결국 제시의 세 돌 날에는 선물은커녕, 물 한 짐조차 살 여유 없이 하루가 흘러가 버리고 말았다.

생명의 꽃이 한 해 두 해 되풀이해서 피는 동안 제시라는 나무는 점점 굵어져 가고 깊이 뿌리를 내려 간다. 씨앗이 땅에 떨어져 컴컴한 땅속에서 성숙의 과정을 거쳐 세상에 모습을 보인 이날을 매해 기념하고 축하하는 대신 비바람에 다칠까 막아 보고, 고깔을 씌워 보고 하고 있다. 이때 나무에게 예쁜 치장은 해 주지 못해도 해마다 변해 가는 제시란 어린 나무의 모습에 흐뭇한 미소를 걸어 주게 된다.

잠이 든 제시를 들여다보고 있으려니, 제시 엄마는 지난 한 달 동안에 제시가 조금도 키가 크지 못했다고 걱정한다. 반면에 사설만은 많이 늘어 못 하는 말이 없고, 꾀와 철은 한없이 늘어 가고 있다. 자꾸자꾸 변화하는 제시! 그 제시를 품어야 할 세상은, 네 살 된 아이에게 보여지는 이 세상은 참으로 어지럽다.

하지만 제시! 건강하게 잘 성장해서 언젠가 새로운 세상을 만날 것을 기대해 보자. 생일 축하한다.

1941년 7월 17일, 목요일, 사천성 중경

무서운 더위 끝에 내리던 비는 그리 시원치가 못하고, 오늘부터는 아주 일기가 개이고 마는 것 같다. 햇볕이 내리쪼인다.

그러나 상류에서는 홍수가 나서 전에 없이 강물이 크게 불어났다. 집이 떠내려오고, 시체와 가축이 떠내려오고 있다. 강가에는 물 구경꾼이 많이 나왔다. 제시도 그중에 끼어 구경을 하고 들어왔다. 비가 오고 나니 물 한 짐에 '1원 2, 3각'을 달라고 하던 것이 지금은 '7, 8각'으로 내려갔다. 집이 떠내려가는 불행을 만난 사람이 있는 반면, 한편에는 물값이 싸졌다는 반가운 소식을 만나는 이들이 있는 것이다. 이것이 삶이 우리에게 다가오는 방법이다. 같은 날, 같은 시간 벌어진 일에 울고 웃는 것! 어디선가 이 파괴적인 전쟁으로 삶이 밝아지는 것을 경험하는 이도 존재하는 것이다.

이번 홍수로 우리 가족이 만난 것을 꼽자면, 우선 일기가 서늘해서 더위에 지쳐 있던 제시가 지내기에 퍽 좋았고, 제니 역시 밤낮으로 충분한 잠을 자며 잘 지내었다는 것이다. 이것이 세상 돌아가는 이치다.

1941년 8월 8일, 금요일, 사천성 중경

여러 날 전부터 방공 책임 당국의 통보로는 오늘부터 십 일간 사천성 각처를 비행기로 소탕해 버린다는 일본인의 광파(방송)가 있으니 전 시민은 각별히 주의하고, 소극적인 방법으로 건량(乾糧 dry food)을 준비하라는 지시가 있었다. 그리고 방공동은 가급적 위생적으로 하라는 지시에 분주했다.

오늘은 이른 아침 7시도 되기 전에 공습경보가 나기 시작해서 두세 시간 만에 한두 시간씩 해제되는 것이 온종일 계속되더니 달이 밝은 때라 야습까지 나서 밤 11시가 지나서야 집으로 돌아왔다.

대규모 공습의 첫날이라 그런지 무던히나 피곤하다. 두 아이는 벌써 잠이 들었다. 제시는 괴로운 잠을 자고 있으나, 아기 제니처럼은 괴롭지 아니할 거라 생각된다. 세상에 나온 지 얼마 되지 않아 우리의 아이들이 만나는 것은 피난 가는 사람들의 무리요, 공습의 사이렌 소리다.

1941년 8월 13일, 수요일, 사천성 중경

일기는 여전히 명랑했다. 오늘이 사천성 대횡작 제5일째 되는 날이다. 이

전에는 요즘처럼 매일같이 밤낮으로 적기가 많이 오지도 않았고, 적으면 한 번에 세 대씩, 많이 와도 이삼십 대의 폭격기가 중경 부근을 치기도 하고, 그저 지나 버리기도 했다. 그러나 이곳이 중국이요, 또 중국 사람들이라 일본의 그러한 계획으로는 예견했던 효과를 거둘 수 없었던 모양이다. 요즘은 이삼백 대나 되는 폭격기의 공격이 계속되므로 중경 시민은 전례 없이 큰 피해를 입고 고통 중에 있으나 아주 태연자약하다.

대륙성 기질인 중국인들의 태도는 놀랄 만하다. 우리 한국인들 같으면 통곡하며 기절해 버릴 상황이지만 껄껄 웃어 가며 집이 무너지고 불타 버렸군 하며 물건들을 챙기며 거처를 만들고 있지 않은가! 인내력이 강한 민족이다. 단지 상업에 종사하는 사람들이나 각 관청이 일을 못 할 뿐이다.

방공동 안에서 자리 펴고 자면서 한두 식구씩 집으로 보내 음식을 지어다 먹으며 담소화락 하는 모습이 제아무리 대규모 공습이라고 해도 아무런 영향도 받지 않는 것 같다. 그러나 오고 가는 근원 없는 유언비어는 얼마든지 많아서 그것을 듣고 겁을 집어먹는다면 당장 큰일이 날 것 같다. 두 애들도 여전히 잘 견디나 제니가 제일 곤란한 모양이다.

1941년 8월 17일, 일요일, 사천성 중경

최근 일주일 동안은 계속되는 공습경보 소리를 들으며 피난 다니느라 시달리고 지친 몸이 극도에 달하며 아버지, 어머니, 제시, 제니까지 온 가족이 모두 더위로 서증(署症)에 걸렸다. 그동안 사오 일씩 고통스러워하다가 오늘에서야 복통과 열이 좀 물러가서 비로소 음식을 좀 먹고 일어나 다니고 있다.

오늘은 한국독립당 1, 3, 4구 당부에서 연합해 광복군 제5지대 대장 '나월

한' 씨를 환영하는 성대한 모임을 가졌다. 그는 서안 방면에서 2년간 공작하다가 경과를 보고하고, 장차 할 일을 지시받으러 왔다고 한다.

아이들은 요즘 건강을 잘 유지하며 지내고 있다.

1941년 8월 31일, 일요일, 사천성 중경

일기가 맑아서 기분이 상쾌하다. 공습경보가 나므로 전 시민은 오전 열 시쯤 해서 방공동에 갔다가 오후 3시 반쯤 해서 집으로 돌아왔다. 오늘은 장개석 총통이 있는 황고야 등지를 목표로 하고 작탄을 투하했는데 산과 들판에도 많이 떨어지고, 피서집들도 많이 파괴되었다고 한다.

이젠 생활 공간의 하나가 되어 버린 방공동, 그곳에서도 이젠 보따리 장수들이 등장했다.

제시는 방공동에 가면 '마화', '과즈', '배', '사탕'들을 번갈아 사 먹는 재미가 대단한 모양이어서 요즘에는 방공동 내왕 간식비의 예산을 따로 세워 놓고 쓰고 있다. 제니도 요즘 건강이 회복되어 잘 자라고 있다.

1941년 9월 12일, 금요일, 사천성 중경

오늘도 여전히 일기가 흐리고, 가는 비가 이따금씩 내리며 하루를 지내고 있다. 사오 일 동안 계속되는 비인 만큼 지루한 감상도 없지 않은데, 동네에서는 집 무너지는 소리가 요란히 들려오곤 한다. 오늘 아침엔 우리가 살고 있는 집 뒷대문 옆에 지어 있던 변소가 요란스런 소리를 내며 무너지더니 얼마 후엔 공방(空房, 빈방) 하나가 또 쓰러져 버렸다 그 후로 엄마는 온 집이 다 무너질까 봐 걱정을 하는 모양이다. 이런 식으로 무너지다가는 온 집이 다 넘어질 것 아닌가? 날씨가 좋을 때면 공습 피해를 걱정하고, 비가 오면 집이 무너지지 않을까를 걱정해야 하고…. 걱정은 끊이지가 않는다.

제시는 요즘 비가 내리는 밖에 나가 놀지 못하고 방 안에만 있으니 먹을 것 생각만 하는가 보다. 하도 궁금해 하길래, '후더우콩'을 두어 홉 사다가 엄마 손으로 볶아 주었더니 쉬지 않고 부지런히 잘 까먹으며 지낸다.

1941년 9월 17일, 수요일, 사천성 중경

일기는 그리 명랑치는 못하나 흐린 날씨는 아니었다. 아빠는 긴급 통지를 받고 '토교'*로 나가게 되었다. 토교는 중경에서 배를 타고 두세 시간 가량 걸려서 가게 되는 시골 한적한 곳으로 20년 동안 조차(租借)된 토지다. 그곳에 몇 동 집을 지어 우리 교민들이 살고 있다.

아침 9시쯤 해서 출발하셨다. 오늘 저녁부터 며칠이 될지 모르지만 돌아오실 때까지는 다른 무엇보다 밤에 잠자리가 적지 않은 문제였다. 그동안 아버지는 제시를, 어머니는 제니를 안고 잤는데, 누구보다 제시가 제일 허전해 할 것이다.

속히 돌아오실 것을 약속하셨고, 또 돌아오실 때는 제시에게 좋은 간식품을 사 가지고 선물할 것을 약속하셨다.

---

* 토교: 1941년 1월, 한인 교포들은 기강에서 중경 쪽으로 약 10킬로미터 떨어진 동감이란 마을로 이사를 하게 된다. 집 세 채를 새로 짓고, 임시 정부 가족 열 가구 정도 되는 교민들이 양자강 남쪽에 있는 기강에서 강을 건너 북쪽으로 옮겨 온 것이다. 동감 마을의 행정구역상 이름은 파현 토문향인데 흔히 '토교'라고 불렸다. 중경의 외곽 지대에 위치하고 있어서 중경과 토교는 마치 서울과 안양 같은 사이다. 중일전쟁이 점차 장기전이 되자 임정은 토교에 교민들을 이주시켰다. 기강에 남아 있던 임정 요원들의 식구들 중에는 소학교 다니는 자녀가 1월에 학교를 졸업하게 되는 때에 맞춰 토교로 이사를 하는 이도 있었다. 토교는 '한인촌'으로 중일전쟁이 끝나고 해방이 된 조국에 돌아가는 그날까지 5년 동안 줄곧 그 자리에 머물게 된다. - 정정화의 '녹두꽃' 참조

1941년 9월 30일, 화요일, 사천성 중경

여러 날 동안 일기가 명랑하고 온화해 지내기에 퍽 편했는데, 공습경보가 연일 울려 퍼지자 방공동에 왔다 갔다 하기에 아빠와 엄마의 괴로움은 말할 여지가 없다. 두 애들도 몹시 피곤함을 느끼는 모양이다. 오늘은 그리 맑지 못했고 오후에는 성긴 비가 가끔씩 떨어졌던 구월의 마지막 날이다!

제시는 어제 물을 거의 다 써 버려서 사야 되겠다는 말을 듣고는 대문간 물장수한테 가서 무어라고 말했는지 물장수가 물 한 짐을 지고 왔다.

그래서 알아본 즉, 네 살 된 제시가 불러온 것이라고! 제시에게 물 지는 사람에게 무어라고 했냐고 물어보니 '웨웨, 워문짜리요, 잇담쉬이(여보세요, 우리 집에도 물 한 지게 필요해요.)'라고 했다고 한다. 가르쳐 준 바 없지만 완전히 잘된 중국말이다. 그뿐만 아니라, 요즘은 때로 잔심부름과 동생 제니를 많이 거들어 주고 있다. 세월이 빠르기는 하다.

제니는 요즘 엄마의 젖이 넉넉지 못한 탓인지 공연히 온종일 울기만 하여 저도 어렵겠지만 이웃에게 민망스럽기만 하다. 그래서 어제부터는 미음을 쑤어 국물을 먹여 보는데 먹기는 곧잘 하나 넉넉지가 못한 지 또 야단을 부린다. 요즘은 일기도 서늘해지고 모든 일이 다 편안하지만 경제적 곤란이 따르고 있다.

1941년 10월 5일, 일요일, 사천성 중경

음력 팔 월 보름날 중추절이다. 크고 작은 상점에는 '중추월병(중국에서 한가위에 먹는 민속 과자로, 둥그렇고 속에 열매 등을 다져 넣은 달콤한 내용물이

들어 있다.)' 크고 작은 것이 태산같이 싸여 있고, 크고 작은 귤이 나오기 시작하여 많이 놓여 있다. 그야말로 축제 날이다.

한가위 날! 본국이 그리워진다. 제시는 처음으로 양복 치마 한 벌을 얻어 입고 좋다고 돌아다니니 보기에도 퍽 얌전하다. 지난 여름 요구하여 만들었던 화문인화(花紋印花) 양장을 입은 것이다. 어린아이지만 퍽 좋아한다. 그래서 저도 의복을 더럽힐까 조심조심하는 것이 더욱 우습기도 하고 귀엽기도 하다.

1941년 10월 10일, 목요일, 사천성 중경

쌍십절, 중국의 국경일이다. 비록 전시 수도지만, 중경에서도 백만 군중이 성대히 이날을 경축하려고 준비 중인데, 상북(湘北)에서 대승전을 하여 '장사시'에까지 들어왔던 일본군을 소탕하고 '장사'를 탈환했다고 해서 한층 더 기뻐하고 있다. 겸하여 해 넘어 점령당하고 있던 '의창성(宜昌)'을 쌍십절 날 아침에 완전히 회복했다는 소식이 들어오자 더욱 경사스러워 각 기관과 단체, 시민들이 기뻐 뛰며 즐거워한다.

이 광경을 구경하고 있던 제시는 그 비싼 딱총 소리에 깜짝깜짝 놀라기만 했다.

1941년 10월 21일, 화요일, 사천성 중경

아침부터 안개가 낀 흐릿한 날이다. 어제부터는 석탄을 사다가 연료로 하기 때문에 온종일 더운물이 향상 있어 목욕하고 세수하고 빨래하기에 퍽 편리해졌다.

그래서 오늘은 밀렸던 빨래를 하기에 여념이 없다. 이곳에서 부인들이 하는 일은 아이들을 키우고, 임시 정부에서 활동하는 남편을 뒷바라지하는 것이다. 하지만 그 외에도 무언가 할 수 있는 일이 있을 거라는 생각이 든다. 부인들이 할 수 있는 일이 분명히 있다. 우리 한교들의 자녀들에게 민족의 정신을 집어넣는 것도 우리 몫일 것이요, 후방에서 독립운동을 지원하며 일선에서 일본군과 싸우며 애쓰는 우리 동지들을 보살피는 것도 여자들의 몫일 것이다.

이렇게 가사 생활을 하루하루 챙기는 일상의 것에서 나아가 작은 힘을 모아 더 넓게 눈길 닿지 않는 곳을 챙겨 나가야 하는 것이 우리 부인들의 몫일 것이다.

이제 빨래 삶고 있는 것을 보러 가려 한다. 물이 부르르 끓어 빨래를 뜨겁게 만들어 내듯 우리들이 힘을 합쳐 끓는 힘을 모은다면 우리의 독립을 향한 행보를 뜨겁게 달구어 낼 수 있을 것이다. 서서히, 하지만 멈추지 않고 깨끗이 삶아 내는 빨래처럼 조금씩, 하지만 결국은 일본을 뜨겁게 달구어 낼 수 있을 것이다.

1. 임정 식구들의 생계 방편은....

임시 정부 요인들과 그 가족들은 식구 수에 따라 월급이 지급되었고, 중국 정부로부터 평가미를 배급받아 먹었는데 일반미에 비해 질이 안 좋았다. 쌀을 무게로 달아 정량만 배급하는데 쌀을 일부 빼고 대신 물을 부어 살짝 발효된 쌀을 먹게 되는 것이었다.

맛은 물론이요, 결코 양질의 영양 공급을 받을 수는 없었다. 월급의 수준도 미주 지역 해외 교포들의 지원과 중국 정부의 지원에 의한 것이었기에 풍족한 살림일 수 없었다. 그러나 무엇보다 자유가 있었다.

2. 중국 정부의 지원

임시 정부의 상해 시절, 중국 정부는 일부 관리들이 개인적인 차원에서 한인 독립운동을 지원해 왔다. 윤봉길 의거 이후에는 정부 차원에서 비밀리에 한인 독립운동을 지원하다가 중일전쟁을 계기로 재정, 군사, 외교의 여러 측면에서 다양하고 공식적이며 강도 높은 지원을 제공했다. 중국 민간 단체와 민간 인사들도 물심양면으로 지원한 것은 물론이다. 많은 한인이 중국 정부를 위해 일하거나 중국 군대에 소속되어 중일전쟁을 치르는 등 다방면에서 중국을 위해 기여하고 있는 것을 인정한 결과였다. 중국 정부는 같은 적을 둔 동지국으로서 또, 국제 사회에 한국의 임시 정부를 보호하고 있다는 명분과 중국 국내에 임시 정부를 둠으로써 힘을 모으기 위한 중국 국민당 정부의 전략과도 맞아 떨어지기에 임시 정부와 국민당 정부와의 공조 및 임시 정부에 대한 식량과 자원 지원을 계속했다.

일본에 선전포고를 하다

1941년 10월 28일, 화요일, 사천성 중경

오늘은 음력으로 9월 9일. 중국 사람들은 이날을 혼인을 제일 많이 하는 '혼례식의 날'로 정하여 실제 많은 젊은이들이 이날에 결혼을 한다고 한다. 식량이 풍부한 가을이라 자연 음식도 풍부하게 장만할 수 있어 마음껏 즐길 수 있을 것이 아닌가!

그러나 그 혜택은 우리네에게는 아무런 영향도 없이 그저 지나가 버리고 말았다. 그래도 제시는 여전히 먹고 놀았고, 제니는 웬셈인지 오늘부터는 확실히 잠도 좀 더 잘 자면서 순해지는 것 같은 느낌이다(태어난 지 일곱 달). 이곳 중국에 들어올 때는 혈혈단신이었건만 이제는 네 살 된 아이와 한 살배기 아기를 데리고 있는 가장이 되었다.

결혼과 아이 키우기, 일상적이지만 소중한 삶의 과정이 이 땅에서도, 이 시간에서도 지나고 있다. 아이들도 나름대로 자기의 살 길을 찾아 자라고 있다. 모두들 현실의 생활에 잘 적응하고 있다. 우리의 이 생활이 언제 끝나게 될지 모른 채, 울퉁불퉁한 땅 위에서 수레바퀴 하나가 굴러가듯 쓰러지지 않고도 계속 알 수 없는 행로를 향하고 있다.

엄마는 물가가 매일 오르고 있어 '장차 어찌 되려 하나?' 하며 많이 걱정하고 있다. 수육 한 근에 4원 8각, 황육은 한 근에 3원 8각, 닭고기 한 근에 8원, 쌀 신두 한 말에 상미(上米)는 45원이란다.

1941년 11월 25일, 화요일, 사천성 중경

일기는 다소 풀린 것 같으나 음산한 날이다. 아버지는 모임이 있어 오늘부터는 아침에 중경 시내로 들어가셔서 저녁까지 당사(黨舍)에서 지내시게 될 것 같다. 저녁에는 실과와 '후더우(마메콩)'를 한 되 사 가지고 오셔서 제시가 두고두고 여러 날 동안 잘 먹게 되었다. 제시를 위한 배려다. 제시는 이 콩 까먹는 것이 그리 좋은 모양이다. 계속 주어도 싫다고는 하지 않는다.

1941년 12월 8일, 월요일, 사천성 중경

아침에는 안개가 덮이어서 일기가 명랑할까 했더니 아침에 잠을 자던 해가 잠깐 나오고는 또다시 구물구물하는 일기가 되고 만다. 제시는 오늘도 온종일 동안 들고나며 잘 지내었다.

제니는 웬셈인지 요즘 침을 많이 흘리고 있다. 그러나 놀기는 여전히 잘 하며 한참씩 앉아서 잘 놀고 있다. 밥알을 하나씩 입에 넣어 주면 '남남' 하며 제법 먹는 흉내를 잘 내고 있다. 제시는 오늘 아침, 키가 지난 삼사 삭 만에 비로소 좀 커진 성적을 나타내 보인다. 겨울이 되어서 키가 자라지를 못하는 건지 다소간 의문이다. 놀기는 잘 하는데?

오늘 새벽 한 시에 미일전쟁이 폭발되었다고 한다. 어느새 일본 비행기가 하와이 진주만 항구와 맨낼나와 향항을 폭작했다는 호외신문이 배부되어 세상이 모두 놀랐다.

이를 쫓아 우리나라 사람에게는 좋은 기회가 오리라고 고대고대하며 기뻐함을 마지아니한다. 중일전쟁과 일미전쟁 끝에는 반드시 우리나라 문제가 중요한 안건이 되리라고 당국과 한인들은 더욱 분투 노력하려 한다.

1941년 12월 31일, 수요일, 사천성 중경

여러 날 만에 오늘은 날이 개이고 오후에는 태양도 나타나 보였다. 오늘로 1941년이 마지막 가는 날이라고 모두들 다른 모습을 많이 보이고 있다. 길거리 상점에는 대서특서의 광고지가 붙어 있고, 각 사회층에서도 연말 활동이 퍽 많이 있다. 하여간 고와 락을 같이 하던 이 해도 오늘로 끝난다고 하니 말 못 할 느낌이 무한히 우러난다. 어느새 일 년이 달아났다고 하는데! 무상하다 느끼지 않을 수 없다. 경보성 중! 방공호 안에서 이 해를 다 보내 버린 모양이다. 끈질긴 생명이다!

그 위험하고 견디기 어려운 상태에서 살아남아 1942년을 맞이하게 되는구나 생각할 때, 이국 땅에서 조국을 광복해 보겠다고 많은 고초를 겪고 있는 우리들을 하느님께서 긍휼히 여기어 안전하게 보우하신 은혜이리라 믿는다.

힘든 한 해이긴 했지만, 우리 일에 크게나 적게나 진보된 것도 많으리라고 보며 더욱이나 제시는 이 해 안에서 무한한 발전이 있었다.

1941년이여, 안녕!! 축복된 1942년을 빌며, 안녕히 가시오!!

임오년(壬午年), 1942년, 대한민국 24년

1942년 1월 1일, 목요일, 사천성 중경

임오년 첫날이다. 천지도 무심치 아니하여 아침엔 안개가 천지를 엄습하더니 정오쯤부터는 태양이 비춘다. 이야말로 서광의 태양이다. 명랑한 새해 초하루다. 이곳 중경에서 살고 있는 우리는 새해 원단 축하식을 성대히 벌였다. 음식도 풍부하게 준비하여 축하연도 베풀며 맛나게 잘 먹고 온종일을 즐겼다.

새해를 맞이할 적마다 소망의 새해라 하였고, 기쁨의 새해라 하여 서로 소원을 성취하라고 축하들 했지만 금년 오늘은 그야말로 우리의 소원을 성취할 소망의 날이 가까워졌고, 본국으로 돌아갈 영광스러운 길이 가까워졌다! 국제적 정세가 퍽 유리하게 전개되고 있다는 말이다.

우리 민족의 해방 국가 독립은 반드시 이번 대전 끝에 오리라고, 아니, 우리가 쟁취하게 되리라고 확실히 믿는다. 그래서 더욱이나 새해의 첫날, 이날을 축하한다. 성공의 그 첫성으로 새해 정월부터는 생활이 전보다 나아지는 듯한 소식이 있다.

마음이 초조하고, 두렵고, 극도로 피곤하게 지내던 작년을 보내고 새해를 맞이하여 신색은 좀 나아졌지만 엄마는 그저 피곤함을 풀지 못하고 있다.

1942년 1월 13일, 수요일, 사천성 중경

전날 *송병조 선생의 병이 위중하시다는 소식을 듣고, 이른 아침에 문병을 하려고 토교로 나갔었다. 제시는 속히 다녀오시라고 부탁을 다시금 하고 작별하였다. 제시의 모습이 오랫동안 머리에 남아 있었다.

1942년 2월 4일, 수요일, 사천성 중경

어제는 온종일 비가 왔지만, 오늘은 일기가 흐리기만 하고 비가 올 것 같지 아니하다.

제시는 밤낮 중국 노래를 배워 가지고 열심히 부르는데 '빠빠 따동양'이라는 항전가를 곧잘 하고 있다. 그새 키는 좀 커서 37과 4분의 3인치라는 성적을 나타내 보인다.

오늘이 입춘 날이다. 그러고 보니, 이제부터는 봄이 시작되었으니 추위도 다 지나간 양이다. 아버지는 토교로 나가셨다. 송 선생님의 병환이 여전하시다는 소식을 듣고, 아버지는 집안일을 대충 돌보시고는 빠르면 삼사 일 후엔 오신다는 약속을 하고 나가셨다. 제시는 다시 제니와 같이 마마 옆에서 잠을 자게 됐다.

1942년 2월 25일, 예배삼일(수요일), 사천성 중경

햇볕이 비치는 온화한 날이었다. 마침 아버지께서도 돌아오셨고, 일기도 따스하여 온 식구가 모두 목욕을 하였다. 제시는 '삼일절 경축 대회'에 참가하겠다고 벌써부터 벼르고 있다. 그래서 오늘은 머리 감고 목욕을 하고는 새 옷 입는다고 좋아하며 창가를 부르며 쉴 새 없이 들고나고 분주하다.

하루를 마감하려는 어둠의 장막이 바야흐로 내리려 할 때, 부고 한 장을 가지고 온 손님이 있었다. 아버지께서 거의 한 달이라는 긴 시간을 두고 간병해 드리던 송병조 선생께서 돌아가셨다는 기별이었다. 아버지께서 송 선생님이 계시는 토교서 중경을 향해 떠나신 지 한 시간이 채 못 되어 운명하셨다는 전문 내용이었다. 장례는 삼일절 준비에 분주한 때이고, 벌써부터 장례식에 필요한 모든 것을 준비해 놓았던 터라 내일 오전 11시에 장례식을 거행한다고 한다. 독립의 소식을 듣지 못하고, 먼 이국 땅에서 눈을 감으시는 원로 선생님들의 생이 차마 안타깝다라는 말로 마무리하기에는 모자람이 끝이 없다.

1942년 3월 1일, 일요일, 사천성 중경

삼일절 국경일인 동시에 주일날이었고 일기는 온화 명랑했다. 경축 대회 처소가 '상청사 광파대하(上靑寺 廣播大廈)'인 만큼 거리가 거의 집에서 20여 리나 되어서 가는 길도 복잡하다. 갈 적에는 가릉강 연안까지는 걸어가고, 나룻배를 타고 강을 건너 중경 쪽 언덕으로 올라서서 한참을 걸어가면 버스 정거장에 도착이 된다. 거기서 버스를 타고 언덕을 오르고 내리고 하면 거의 30분 만에야 대회장에 이르렀다. 목적지까지 차 값은 1원 5각이었다.

중경시는 홍콩을 연상케 한다. 평지가 아니고 야산 비슷하게 강변에서 올라가며 주위에 도로가 생겨 시가지를 형성시켰는데 가릉강과 양자강이 합치는 삼각주 지대를 이룬 곳으로부터 언덕으로 올라가며 건축물들이 많이 건설된 곳이 바로 중경시다.

휘황찬란하게 장식된 기념식 장소는 4백여 명의 참석자로 성황을 이뤘는데, 그중에는 영, 미, 소 등 각 나라의 대사관 대표들이 참가했고, 의미심장한 축사 연설들이 있었다.

제시는 무엇보다도 맛나는 과자 봉지를 받아 먹으며, 어린이들의 연극을 구경한 것이 더욱 유쾌하였다. 그리고 돌아올 때는 걸어서 오다가 중도에서 K 선생을 만나 대접을 풍부히 받고 어두운 밤이 되어서야 집에 돌아왔다. 피곤도 하고, 유쾌도 하다고 어머니는 말씀하신다.

1942년 3월 10일, 화요일, 사천성 중경

일기가 매우 좋은 날이었다. 오늘이 *도산 선생 서세 만 4주년 되는 날이라 하야 많은 이들이 퍽 섭섭함을 느끼는 듯하다. 종일 침울한 표정으로 추억을 더듬고 있다.

두 어린애들은 아무것도 모르고 아침부터 저녁까지 장난질치며 잘 놀고 있다. 어머니는 산후 치료가 거츠러웠던 탓인지 몸이 건강치 못해 요즘은 약을 쓰고 계신다.

1942년 4월 9일, 목요일, 사천성 중경

아침엔 일기가 명랑하더니 정오 12시가 되자 커다란 빗방울이 떨어지기 시작해서 그쳤다 왔다 하는 것을 온종일 계속한다.

촉촉한 대지를 보며 비가 적게 와서 걱정을 하던 농가에서는 크게 기뻐하고 있다. 제니는 삼사 일 동안 열이 몹시 나면서 앓더니 오늘 아침엔 등과 가슴에 땀띠 비슷한 것이 많이 솟아 나온 것을 보게 되었다. 아마도 제 구실(홍역, 수두, 마마같이 한 번쯤은 앓고 지나가는 병치레)인가 하여 약을 사다 먹이며 방문을 봉하고 컴컴하게 해 주었다.

아버지는 아침 사무를 보러 중경에 가신 후라서, 기별을 하여 약을 사 가지고 오시도록 했다. 제시는 이웃집에 놀러 가고, 밖에는 비 오는 소리가 들리고, 이 공간이 갑자기 낯설게 느껴진다. 덩그마니 홀로 아픈 아이를 지키고 있다 보니, 무엇보다 지난 일들이 생각난다.

김합라 선생에게서 아버지를 소개받고, 편지로 서로에 대해 알아 가던 일

할머니가 말하는 도산 선생

중국으로 건너오기 전, 서울에 있을 때였다. 상해 간호전문 대학으로 유학 가는 것으로 사무 절차를 마치고, 입학 허가증까지 가지고 중국으로 갈 모든 준비를 마쳤을 때였다. 소벽(할아버지)은 나에게 떠나오기 전, 서울에 계시는 도산 선생을 만나 전갈을 전해 듣고 오라는 기별을 보냈다. 미국에서부터 흥사단 소속으로 활동했던 소벽에게 도산 선생님은 아버지요, 선생님과도 같은 분이셨다.

나는 어렵지만 소벽이 준 전화번호를 가지고 그분에게 전화를 했고, 일경의 눈을 피해 도망자 생활을 하고 있던 도산 선생님은 어렵사리 종로의 어느 찻집에서 나를 만나기로 하셨다. 소벽이 가장 존경하는 분이요, 민족의 정신적 스승과 같은 도산 선생님을 만나 뵙는 것이기에 설레는 마음으로 찻집에 들어가니 도산 선생님은 다른 동지들의 보호를 받으며 소박한 모습으로 앉아 계셨다. 아주 짧은 시간이었지만, 도산 선생님은 '별다른 전갈은 없으며 그저 하던 대로 계속 해 가라.'고 전해 달라 하셨다. 그렇게 비밀스런 만남으로 딱 한 번 뵈었던 도산 선생. 말수 없는 점잖은 모습에 일본 경찰들에게 많이 시달리신 탓인지 약간 지친 듯한 모습이셨던 분. 민족을 위해 노력하셨던 그분을 임정 가족들은 늘 잊지 못하였다.

들, 편지가 오고 갈수록 호감이 느껴졌던 것. 미래의 사윗감을 눈으로 확인하려던 아버지와의 중국 여행 도중 일본의 첩자로 오인받아 중국 경찰에 잡혔던 일, 그를 통해 새로운 인생을 꿈꾸게 되었던 일, 너무나 빨리 지나가 버린 일들이었다.

그리고 전쟁이 일어나고, 아이들이 태어나고, 아이의 기저귀를 들고 공습을 피해 들에 누워 있던 일들.

내가 꿈꾸었던 삶이라는 것이 순식간에 만들어졌다 지워지고, 다시 만들어지고 있었다. 그리고 이제는 이 힘든 타향살이를 끝내고 고국에 돌아가고 싶다는 것, 그 생각 하나가 지금 내가 꿈꾸는 삶이 되어 버린 것이다.

한때는 삶을 꿰뚫는 그 무엇이 있다고 믿었었다. 하지만 그건 현실이 만들어 내는 소망들의 흐름일 뿐이다. 그 소망을 만들어 내는 것은 나였다.

저녁때에는 비가 오니 추워진다. 아버지가 아직 오시지 않고 있다. 아이의 잠자는 숨소리가 많이 조용해졌다.

1942년 5월 4일, 월요일, 사천성 중경

어제는 우리 아동주일이라고 해서 (임시 정부) 내무부에서 당과값이라고 애들에게 금일봉씩을 보내 주어서 애들은 과일이며 과자며, 빵을 사다 즐겁게 나누어 먹기도 했다.

제시는 지난 한 달 동안에 키는 별로 크지가 못해 그저 그만하다. 말솜씨와 지혜는 늘었지만! 제니는 웬셈인지 온종일 신열이 나고 있다.

1942년 5월 7일, 목요일, 사천성 중경

온종일 동안 일기가 좋지 아니하였다. 새벽부터 내리는 비는 정오가

제시와 아버지 (1942. 5. 7)

지나서야 비로소 멎었고 오후에는 공습경보가 날 염려 없이 지냈다.

지난 주일에 제시 형제 사진을 찍었는데, 제니 사진이 흔들려서 사진이 제대로 되지 아니하였으므로 다시 찍기로 했다. 하지만 제니는 홍역 뒤끝이 있어 아직 보기가 그리 좋지 못하므로 훗날로 미루고 대신 오늘은 제시와 아버지가 같이 찍힌 것이다. 두 장 만들어 주는 사진 값이 아무리 유명한 사진관이라도 20원이면 물가가 얼마나 높은가를 가히 알 만하다(고기 한 근에 4원).

1942년 6월 1일, 월요일, 사천성 중경

음력으로 4월 18일이다. 삼사 일 전부터 날이 흐리고, 비가 내리기 시작하였다.

오늘도 역시 가는 빗발이 내리고 있다. 더위 끝에 내리는 비라 서늘하여 사는 듯싶다. 제시와 제니는 나날이 자라고 있다. 마마는 제시의

제니의 독사진(1942. 6. 26)

교육 문제로 걱정을 하고 있으면서도 혼자 몸으로 살림을 하시느라 아직 제시의 공부에 적극적으로 착수를 못 하셨다. 때로 창가나 가르치고 가정 교육에 그치고 있다.

둘째 제니는 아직 서서 걸어 다닐 생각은 않는 양으로 앉아서 놀고 있지만, 눈치와 말귀는 장족(長足)의 진보를 하고 있다. 제니는

침착하며 퍽 능한 편이다.

1942년 6월 14일, 일요일, 사천성 중경

전시 동맹국 기념일이다. 그래서 27동맹 국기를 공중에 날리면서 성대하게 기념식을 거행하고 각국 외교 대표들의 장광설의 연설이 흘러나오고 있고, 각종 운동 경기들이 시작되며 다채로운 순서들로 큰 성황을 이루고 있다.

그러나 우리 임시 정부는 벌써 반 년 전에 동맹국에 참가할 것을 선언하였으나 정식으로 허락이 되지 아니한 고로 오늘 기념식에도 정식으로 참가치 못하여, 우리네 책임자들은 섭섭하다기보다도 원망 섞인 울분에 말도 다 할 수 없는 환경에 빠져 있었다.

오늘은 한 주일 동안 시무에 분주하다 집에 있는 날이라 한 날 동안 제시와 유쾌하게 잘 놀자고 아침부터 약속하고 있다.

1942년 6월 18일, 목요일, 사천성 중경

오늘은 단옷날이었다. 새벽부터 내리는 비는 정오가 되어서야 간신히 멈췄다.

명절날이라 우리가 사는 이 집에서는 공으로(다 함께) 고기 근이나 사다가 식구들이 다 같이 모여 취사(炊事)를 하기로 했는데 어찌나 물가가 고등한지 70여 원이나 들여서야 아침 한 때 팔구 식구가 같이 모여 식사를 하며 단오절을 축하할 수 있었다.

각자 방 안에서 독립된 생활을 하다가도 한 식구처럼 어울리고 의지하는 이런 살림은 아이들은 물론, 어른들에게도 큰 위안이 된다. 객지에서의 낯선

생활에서 그래도 서로에게 힘이 되는 것은 다름 아닌 우리 동지들인 것이다.

제시는 아침부터 무엇이 그리 즐거운지 침상 위에서 뛰면서 놀다가 떨어져 코와 입술이 터져서 피가 흐르고 뚱뚱 부어올라 한동안 울며 소동을 피웠다.

두 자매, 제시와 제비

1942년 6월 30일, 화요일, 사천성 중경

6월도 마지막이다. 무더운 가운데 영영 송별을 고하고 있다. 그동안 제시와 제니는 괴로우나 즐거우나 전쟁 중에서 클 대로 크고, 놀 대로 놀며 자라고 있다. 한정된 생활비로 아이들을 영양적으로 균형 있게 양육시킬 수 없는 것이 이곳 부모들의 고충이다. 다른 것보다 이곳 한국 엄마들에게는 아이들의 영양과 교육 문제가 근심의 대상이다. 아직 어리기에 우리 아이들은 학교에 다니고 있지 않지만, 좀 큰 아이들은 중국 학교에 다니기도 하고, 한인촌인 '토교'의 아이들은 엄마들이 번갈아 가르치는 우리 손으로 만든 한인 학교에서 교육을 시키고 있다.

다행히 우리 아이들의 모국어는 본국에서 자라는 애들에 비해 손색이 없고, 가정 교육만은 시간 나는 대로 가르치며 지내고 있다. 언젠가 고향에 돌아가는 그날까지 아이들은 타지에서 온 아이들로서가 아닌 제대로 크고 바르게 생각하는 아이들로 성장해야 할 것이다. 그래서 광복된 조국에서 한국인으로서의 자부심을 가지고, 본국의 아이들과 하나가 되어 자라날 수 있도록 말이다.

1942년 7월 4일, 토요일, 사천성 중경

제시의 네 번째 맞는 돌이다. 비상 시기라 생일잔치는 그만두기로 하였다. 대신 아버지께서는 이쁜 인형, 떡(sweet roll), 능금, 장난감 오리를 선물로 사오셨다. 그리고 제시가 좋아하는 고기와 국수를 사 오셔서 제시는 기쁨에 가득 찬 얼굴로 생글생글 웃어 가며 국수를 양껏 먹었다. 제시에겐 아버지의 큰 사랑을 받은 날이었다.

하지만 제니가 인형을 가지고 놀지를 않아 하는 수 없이 체념하고 있다가, 저녁때나 되어서야 독점을 하게 되어 제 옆에 드러눕혀 놓고는 잠이 들었다.

오늘로 다섯 살이 된 제시의 키는 지난 두 달 동안에 39인치에 달했다.

1942년 8월 4일, 화요일, 사천성 중경

오늘이 비 온 지 꼭 한 달 되는 날이다. 매일처럼 실내 온도가 백여 도로 높기만 하고 비 내릴 가망도 없다고 하면서 가물어서 흉년이 진다고 야단들이다. 그러나 양자강과 가릉강 상류에서는 비가 잘 내리고 있는 모양이다. 중경시를 껴안은 두 강물은 때로 크게 늘어난다고 한다. 요즘 삼사 일 동안에도 두 강물은 금년 들어 파기록으로 증수가 되었다고 한다. 한 강줄기의 위와 아래에서 이리도 차이가 나고 있다.

한 배 속에서 난 아이들의 아래위가 서로 다른 성격과 모습을 보여 주듯이, 한 아이는 여리고 상냥하고 잘 챙겨 주는 모습을, 또 한 아이는 자기 고집이 세고 직선적이며 도전적인 모습을.... 두 아이가 어울려 만나는 이 세상은 틀림없이 다른 모습일 것이다. 같은 강줄기에서 우리가 만나는 일기(日氣)가 다르듯이 부모가 지켜보게 될 두 아이의 세상살이 또한 다른 모습일 밖에.

아이들은 더워서 땀띠가 온몸에 돋았다가는 없어지고, 없어졌다가는 또 돋고를 몇 번째 하고 있다. 더위에 너무 시달려서인지 애들은 별로 자라지 못하였다.

1942년 9월 23일, 수요일, 사천성 중경

며칠 전 20일부터 '당대표 대회'가 시작된 후, 아빠는 매일 중경으로 가셨다 돌아오시곤 하신다. 시작하기 전에는 며칠 동안 준비로 각 방면으로 분주하시더니, 대회가 시작된 후로도 분주하시다.

오늘은 음력 8월 14일. 저녁때 빠빠가 돌아오시는 길에 중경 명산인 찰떡을 보름달만 한 것을 사 가지고 오셨다. 제시는 오래간만이어서 퍽 반기며 잘 먹고 지내었다. 아직 어리기 때문에 위험이 따라서 찰떡을 먹이지 않았는데도 멋모르는 제니는 언니와 같이 좋아하고 있다.

1942년 9월 26일, 토요일, 사천성 중경

어제 저녁에는 도적놈이 들어와서 주방기구 중 값이 좀 나갈 만한 그릇은 모두 훔쳐가 버렸다. 없는 살림이지만, 더욱 더 난감해진다. 하지만 피난살이에 짐을 덜게 된 셈으로 생각하려 한다.

여러 날 만에 집에 있게 되어 제시도 물론이와 제비가 더욱 기뻐 좋아하였다(제니의 별명으로 제비라고 부르는 사람들이 많아 집에서도 제비라고 부를 때가 있다.). 아이들과 하루 종일 같이 지내고 있다.

제시는 요즘 집주인 애들과 자주 만나 노는 만큼 중국말을 곧잘 알아듣고 또, 말하기도 한다. 그러나 집에 돌아오면 모국어를 잊지 않고 꼭 사용한다. 집에서 중국말을 하면 받아들여지지 않기 때문에 부득이 우리네 말을 하지 않을 수 없다. 중국에서 자라는 만큼 중국말을 사용하는 건 좋지만, 집 안에서 가족들이 사용하는 말은 당연히 우리의 말이어야 한다. 우리가 중국에 온 이유는 중국인이 되기 위해서가 아니다. 아이들도 우리가 중국에 머무르는 이유를 잊지 않아야 할 것이다.

1942년 11월 25일, 수요일, 사천성 중경

일기는 전에 없이 맑아서 태양이 그 힘을 발하고 있다. 여러 날 만에 집에 있게 되나 어머니도 편치 않고 해서 일찍부터 애들을 데리고 공원으로 놀러 나갔다.

둘째 딸 제니는 3월 3일(음력)이 생일이어서 제비라는 아명을 가지게 됐다. 중경 우리네 사회에서는 '제비'가 서양 이름 '제니'보다는 부르고 기억하기가 쉬운 모양이다.

제비는 요즘 무엇이 제 비위에 틀리면 '아이구, 아이구.' 하며 고함을 지르곤 한다. 그리고 언니와 같이 뒹굴며 놀면서 퍽 유쾌한 모양이다.

또, 오늘은 차리석 선생의 새로 결혼한 부인이 온 날이라 해서 점심과 저녁으로 많은 손님을 청해서 대연회를 베풀고 축하한 날이기도 하다. 그녀는 남매를 데리고 서안 포로 수용소 생활을 하기도 한 부인이다.

1942년 12월 31일, 목요일, 사천성 중경

오늘로 금년은 영영 작별하는 날이다. 다시 올 수 없는 오늘이다! 전쟁이 온 세계적으로 벌어져서 동서남북이 물 끓듯 하는 이 세상인지라 지구상 어느 한 모퉁이에서도 오늘 저녁을 기쁨으로 전과 같이 지낼 민족이나 국가는 없을 것이다. 섣달 그믐날이라고 감상적으로 지낼 여유도 없을뿐더러 속히 전쟁을 마무리 지을 계획을 세우기에 각국 원수들은 노심초사하고 있을 것이다.

더욱이나 우리 처지가 이리 먼 중경하고도 강북 땅, 쓰러져 가는 집 속에서 그나마 다른 집들은 망년회니 무엇이니 다 가고 집이 거의 비었는데 우리 집 식구만이 아버지께서 저녁 열 시가 지나서 돌아오신 것 외에는 다 그저 집에 앉은 채로 여전히 지내게 된다. 이것을 섭섭하게 생각한다면 이 이상 섭섭한 일이 없을 것이다.

그러나 지금은 비상 시기라고 해서 섭섭하게 생각을 아니하련다. 차라리 본국에 계신 여러분들은 이 저녁을 어떻게 지내시나?! 하는 구슬픈 생각이 난다!

계미년(癸未年), 1943년, 대한민국 25년

1943년 1월 1일, 금요일, 사천성 중경

대한민국에 또 다른 새해가 돌아왔다. 아니, 제시가 또다시 새해를 맞게 됐다. 그러나 금년 이 새해에는 천하 어느 나라 민족이나 모두 악랄한 전쟁의 악마가 사방에서 발동을 하고 있는 만큼 어느 한 민족에게도 예년에 보던 즐거움의 새해가 되지 못하고 모두 근심 걱정에 쌓인 새해를 맞고 있으리라 예측한다.

그러는 동시에 '새해에는 광명의 빛이 온 세상에 임하소서!' 또, '화평의 신이 속히 세상에 강림하소서!' 하는 소망이 언제보다도 더 클 것이라고 의심 없이 믿어진다.

새해에 무한한 소망을 안고 오는 태양은 이미 동녘 하늘가에 올라왔지만 중경의 겨울 기후라 몽롱한 안개 속에서 자체의 광명한 빛을 발휘하지 못하고 어느덧 중낮이 다 되었다. 오후에서야 어렴풋이 태양이 좀 비쳐 보였다. 마치 우리가 맞고 있는 이 시간처럼.

제시네 온 식구도 새해를 맞이했다. 나는 기관에서 새해 경축이 있다 해서 일찍이 나갔다가 오후에서야 돌아와서 온 집안 식구가 재미롭게 저녁밥을 먹고, 밤에도 잘 지내었다.

1943년 1월 21일, 목요일, 사천성 중경

아침엔 안개가 끼어 있더니 정오가 되니 햇볕도 비치며 맑은 날씨로 변했다. 어머니는 '애국부인회' 준비 위원의 임무를 가졌기 때문에 아침 일찍이 중경으로 가셨고, 대신 내가 집에 있어 애들을 돌보고 있다. 제니도 온종일 동안 잘 놀다가 저녁 여섯 시가 지나서야 엄마를 부르며 조르기 시작했다. 늘 함께 있던 엄마라고 그새 아이들은 보고 싶어 한다. 아버지가 어머니의 빈자리를 메울 수는 없나 보다.

저녁에 엄마를 만나서는 얼마나 반가운지 그 반기는 표정은 말로나 붓으로 다 형용할 수 없을 만하다. 이것이야말로 귀엽다는 것이다.

1943년 1월 27일, 수요일, 사천성 중경

오랫동안 비가 오지 아니해서 농촌에서는 밀과 보리가 다 말라 버리겠다고 걱정이고, 신문 보도에도 춘궁(春窮)이 걱정이라는 말이 자주 보이더니 어제 저녁부터 보슬비가 내리기 시작하여서 염려가 덜리는 듯하다.

신문지상에 나타나는 전쟁 소식은 매일같이 동맹국 측이 불리한 듯이 발표가 되나 알 수 없다. 또 레닌그라드에서는 독일군이 백만 명 이상이나 전사한 것으로 전해지나 확실치는 않은 것 같다. 그런데 우리의 군이나 정부나 당에는 아무러한 변동 없이 그저 고식상태와 같이 보인다.

1943년 1월 31일, 일요일, 사천성 중경

이틀 동안은 저녁이면 비가 한 소나기 오고는 종일 햇볕이 비치곤 하더니 오늘은 아침부터 본격적인 이곳 중경의 날씨로 변해 버린다. 우울하기 짝이 없는 기후다.

우리 집은 일간 중경 시내로 이사를 가게 되어 이사 준비에 다소간은 분망하다. 2년 넘게 살아오던 중경시 강북 무고가 13호(江北 武庫街 13)집을 떠나는 것이다.

어느새 신년이 오더니 또 한 달이 지났다. 음력으로는 오늘이 12월 26일이니 또 연말이 가까워 온다. 중국인들이 크게 지키는 음력설이 다가왔다고 해서인지 각계를 통해서 다소 활기를 띠어 보이고 또, 분주한 것 같은 느낌도 느껴진다.

제비는 이제는 잘 걸어 다니고, 쉬운 말은 곧잘 하고, 때로는 창가를 한다고 '시-작.' 하고는 제법 흉내를 내며 떠들어 버리곤 한다. 참 잠깐이다. 한 아이의 재롱과 몸짓에 익숙해지고 나니 또 다른 아이의 재롱과 몸짓이 새로워진다. 제시는 언니 노릇 하느라고 먹고 노는 데 동생에게 양보가 제법이다.

한국애국부인회 재건 선언문

경애하는 동지 동포 여러분....

전 세계 반파쇼대전의 최후 승리와 우리의 원수 일본 제국주의는 결정적 패방이 바야흐로 우리 안전에 도래하고 있는 위대한 역사적 신시기에 있어서 우리 민족해방운동의 광영스러운 역사와 전통을 가진 한국애국부인회의 재건립을 중국 항전 수도, 중경에서 전 세계에 향하야 우렁차게 고함치노라! 본회는 이십오 년 전 삼일혁명의 위대한 유혈투쟁 중에서 산생한 우리 역사상 신기원인 부녀의 혁명 본체였고, 또 민족 정기의 뿌리였다.

그러나 삼일운동 후 십수 년간에 우리 운동은 국제적으로나 국내적으로나 모든 정세와 환경이 너무도 악열하고 저해하려는 조건이 구비하야 어쩔수 없이 본회는 국내에 있어 '근우회' 등 혁명 여성 단체를 비롯하야 남북 만주의 무장운동과 배합하야 씩씩하게 일어나던 여성들과 전후하야 비참하게도 깃발을 버리우고 간판을 떼어 쓰라린 가슴에 품고 피눈물을 뿌리면서 시기를 고대하고 있었던 것이다. 그런데 오늘의 우리의 정세는 일변하였다. 지금 우리 민족해방운동은 공전의 혁명 고조를 타고 활발하게 전개하게 되었다. 삼십여의 동맹국이 모두 우리의 우군이 되어 원수 일본을 타도하고 있다. 정히 이러한 시기에 있어서 임시 정부 소재지에 있는 우리 혁명 여성들은 당파별이나 사상별을 불문하고 일치단결하야 애국부인회를 재건립함으로써 국내와 세계 방방에 산재한 우리 일천오백만 애국 여성의 총단결의 제1성이 되며 삼천만 대중이 철과 같이 뭉치어서 원수 일본을 타도하고, 대한독립과 민족해방 완성의 거룩한 제1보를 삼으려 한다.

경애하는 동지 동포 여러분.

때마침 재건립되는 본회는 우리 분신의 단결, 교양, 우애, 이익, 발전 등을 비롯하여 국내 각층 여성과 연락하고, 조직하며 재미 여성 단체와는 절실히 우의적으로 감정을 소통하며 우방 각국 여성 조직과 연결하여 피차관계를 결탁하려 한다.

경애하는 동지 동포 여러분.

이러한 사업을 성공하려면 적지 않은 곤란이 있을 것도 예상한다. 그러나 제위선배의 현명한 지도와 혁명동지 동포들의 열렬한 성원하에서 본회 회원 전체들이 목표를 위하야 불굴불해하는 정신으로 국가독립과 민족해방의 길로 매진하면 최단기 버에 우리의 혁명은 완성되리라고 믿고 쓰러졌던 본회의 깃발을 다시 반공에 기운차게 날리다.

한국애국부인회 재건 선언문

4

―

그대를
그리며

濟始의 日記

New Bedford Textile School 교지 중에서

　미국에서의 할아버지의 흔적을 찾던 중에 인터넷에서 할아버지가 다니셨던 학교의 교지를 발견했다. 교지 글에 나온 졸업생 소개에서 할아버지를 묘사하며 '재미있어하는 웃음과 서류 가방'이라는 글귀가 눈에 띄었다. 한국전쟁 동안에도 서류 가방에 일기장과 임시 정부 서류들을 넣고 항상 가지고 다니셨다고 했는데, 어쩌면 그 가방인지도 모르겠다. New Bedford Textile School의 교지를 보며 언젠가는 할아버지가 살았던 공간들을 찾아보리라 생각했다.

　올해 나는 드디어 할아버지의 흔적을 찾아 떠났다. 7월의 보스턴은 맑은 햇살에 바다 내음이 느껴지는 고풍스런 도시였다. 보스턴에서 자동차로 한 시간 정도 가는 곳에 위치한 뉴베드퍼드(New Bedford)는 19세기부터 방직 산업의 주요 도시로 주목받기 시작했고, 도시 자체가 방직 산업에 맞춰 발전된 도시였다. 조국에서 방직 공장을 만들고 싶었던 할아버지가 선택한 학교였다.

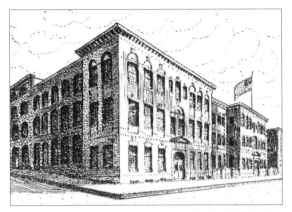

1926년의 뉴베드퍼드 직물 학교의 모습

2018년 7월의 뉴베드퍼드 직물 학교의 모습

현대화된 뉴베드퍼드 직물 학교 모습 (2018. 7)

뉴베드퍼드 직물 학교(New Bedford Textile school)는 공과대학으로 개편되었다가 현재 University of Massachusetts Dartmouth 소속의 학교로 그 이름을 바꾸게 되었다. 할아버지가 공부했던 건물은 현재 뉴베드포드시에서 사용하고 있었다.

매사추세츠 주의 남부에 위치한 항구 도시인 뉴베드퍼드에서 방직 공학을 공부하며 할아버지가 떠올렸던 생각들은 무엇이었을까?

해방이 된 조국에 돌아온 할아버지는 1947년에서 1949년까지 '인천 제마방직회사' 이사장으로 일하셨다. 제대로 된 옷이 없어 헤지고 낡은 옷차림의 동포들에게 옷을 만들 수 있도록 옷감을 많이 만들어 주자는 할아버지의 꿈이 20년 후에 마침내 독립된 조국에서 결실을 맺었다. 참 많은 시간이 걸렸다.

학교 옆에 위치한 시립도서관은 예전 건물의 모습을 간직하고 있어서 어딘가에 앉아서 책을 읽고 있는 할아버지의 모습을 떠올려 볼 수 있었다. 시험 기간 동안에는 공부에 몰두하느라 며칠을 잠을 자지 않고 이민자로서 겪은 언어와 문화 차이를 극복하기 위해 공부에 몰두했다는 할아버지. 할아버지의 유물 가방에 일기장과 함께 있었던 수첩에는 깨알같이 방직 공부를 하며 쓰셨던 메모들이 있었다. 임시 정부 일을 하실 때도 그 수첩은 계속 쓰셨던 것 같다. 군가와 시구들도 함께 적혀 있는 수첩에 할아버지의 손때가 담겨 있다.

할아버지의 해방 후 삶은 그리 순탄치 않았다. 정계 진출을 권유받던 중 교통사고로 다리를 다치셨고, 바로 한국전쟁이 나며 수술 시기

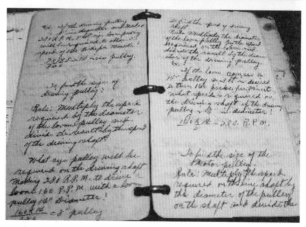

를 놓쳐서 평생 지팡이를 의지해 다니시게 되었다.

해방 후의 조국을 위해 계획하고 정리했던 일들은 임시 정부 요인들의 활동이 제한되면서 제대로 펼치지 못하셨고, 후에 3년간의 투병 끝에 67세의 나이로 돌아가셨다. 한 번도 만난 적이 없는 할아버지를 나는 할아버지가 남기신 기록들을 통해 참 많이 느끼고 만났다. 그리고 할아버지가 남긴 유언은 나와 내 아이들에게 큰 울림이 되고 있다. 할아버지는 동포를 구하고, 조국을 되찾기 위해 열정을 바친 독립운동가인 동시에 한 가정의 남편이었고 아버지였다.

할아버지의 유언 중 일부

"과거를 회고하건대, 좋게 말해서 나의 인생은 국가와 민족이 사람다운 생을 살기 위하여 희생된 인생 중 일 인이었다고 하련다. 이 몸은 이제 세상사와 멀리 하였거니와 생전 함께한 가족은 부디 명심하여 고인의 미진한 애국애족정신, 즉 전체 동포의 회복을 위하여 노력하는 동시에 개인의 일도 잊지 말아라. 개인은 전체의 일분자요, 일분자가 모여 대체가 되는 법이다. 그러나 비겁은 취하지 말고, 절대 자존심을 굽히지 말아라."

5

계속되는
시련과
아픔

濟始의 日記

Recognition of Korean Provisional Government Advocated

(In the U.S. of Representatives held on March 31, 1943,
Congressman O'Brien of Michigan introduced a joint resolution for to
the recognition of the U.S. Government of the Provisional Government
of the Republic of Korea, which was reffered to the Committee on
Foreign Affairs.
In the Senate held on April 22, 1943, Senator Alexander Wiley
of Wisconsin delivered a speech emphasizing the necessity of recogni-
zing the Provisional Government of the Republic of Korea, as well
as the urgency of utilizing the 23 million Koreans as a weapon to
crush the common foe of the United Nations Japan. The following is
part of his speech which was printed in "Congressional Record!

xxxxxxxxxxxxx xxx xxx xxx xxxxxx xxxxxxxxx xxxx xxxxxxxxxxxx xxx xxxxx xxxxx xxxx xxxxxxxxxxx
x between respectively xxeoples, xxx this end appointed, that is to say: the
President of the United States of R.W. Shufeldt, Commodore, U.S. Navy, as
his Commissioner plenipotentiary; and his Majesty, theKing of Chosen, Shin
Chen, President of the Royal Cabinet, Ching Hong-chi, member of the Royal
cabinet, as his Commissioners plenipotentiary ; who, having reciprocally
examined their respective full powers, which have been found to be in due
form, have agreed upon the several following Articles:

KOREAN - AMERICAN TREATY   May 22, 1882

Article I

There shall be perpetual peace and friendship between President of the
United States and the King of Chosen and citizen and subjects of their
representative Governments.
If other powers deal unjustly or aggressively with either Government, the
other will exert their good officers, on being informed of the case, to
bring about an amicable arrangement, thus showing their friendly feelings.

Article II

After the conclusion of this treaty of amity and commerce, the high
contracting powers may each appoint diplomatic representatives to reside at
the court of the other, may each appoint consular repressentives at the
ports of the other which are open to foreign commerce, at their own convi-
nience.
These officials shall have relations with the corresponding local
authorities of equal rank upon a basis of mutual equality.
The Diplomatic and Consular representatives of the two Governments
shall receive mutually all the privileges, rights, and immunities, without
disexmination, which the same classis of repressentives from the most favor-
ed nation.
Consuls shall exercise their functions only on receipt of an exequa-
ture from the Government to which they are accredited, Consular authorities
shall be bonafide officials. No marchants shall be permitted to exercise the
duties of the office, nor shall consular officers be allowed to engage in
trade. At ports to which no consular representatives have been appointed,
the consuls of other powers may be invited to act, provided that no merchant
shall be allowed to assume consular functions, or the provisions of this
treaty may, in such case, be enforced by the local authorities.

미국 국회의원이 미국 정부에 임시 정부를 승인할 것을 요청한 문서와 연설 원고 – 할아버지 유물 중에서

강북에서 중경 시내로

1943년 2월 3일, 수요일, 사천성 중경

오래전부터 경영하던 이사를 오늘 하기로 했다.

아니, 아니하면 안 되게 된 날이다. 집주인으로부터 '자기 며느리가 금방 올 터인데 어찌 하느냐?'는 걱정이 쏟아진다. 그래서 우리 가족은 정부 청사 건물이 소재하고 있는 '우스예샹'에서 멀지 않은 곳에 공지를 얻어 교포 가족들이 살 수 있게 열예닐곱 개 방을 만들어 놓고 한 세대 한 방씩 사용할 수 있게 지었다는 곳으로 이사를 가기로 했다. 지대가 몹시 습한 곳이라 햇볕이 잘 들지 못하는 낮은 지대여서 망설이고 있다가 하는 수 없이 결정한 것이다.

강북 처소는 이제 2년여를 다정스러이 살던 다섯 세대가 뿔뿔이 헤어지게 됐다.

수일 전 이삿짐 한 짐에 20원을 달라고 하더니 오늘은 40원을 줘야 가겠다고 한다. 음력설을 하루 앞둔 날이어서 그렇게 받아야 된다는 것이다. 할 수 없이 오후에서야 겨우 한 짐에 30원씩이나 주기로 하고 이사를 하게 되었다. 30원이라고는 하지만 평소보다 거의 세 배나 되는 액수다. 밤 8시나 되어서 새 숙소에 이사를 마친 모양인데 어두운 밤이고 거기다 습기가 심한

눅눅한 새집이어서 안정된 느낌을 못 느끼겠다. 전등은 물론 가설되지 못해 등잔불을 켜야 되고 그저 심란할 뿐이다.

1943년 2월 5일, 금요일, 사천성 중경

음력 정월 초하루다. 새벽부터 내리기 시작한 비는 수백만이 살고 있는 중경의 길거리를 모두 적셔 놓았다.

강가에서 얼마 떨어지지 않은 강북에서 더 오밀조밀한 이곳 시내로 이사를 오니, 중국에 사람이 많다는 것을 새삼 느끼게 된다.

금년 중국은 백여 년 동안 열강에게 불평등 대우를 받던 무리한 조약을 모두 철폐하고, 중국에게 유리한 새 조약을 한 달여 전에 성립시켰다. 이를 축하하는 뜻에서 음력 정월 초에는 3일간 관·공·사 일체 조직에서 휴가를 갖고 대경축을 실행하기로 발표했다. 그러나 일기가 궂어서 그리 유쾌하게는 못 될 것 같다.

하지만 오후에는 우리 애국부인회와 청년회가 주최하는 다과회와 여흥이 있어서 교포들이 모두 모여 많이 먹고 유쾌하게 놀고 재미를 퍽 많이 보았다. 올 때에는 부인네들이 모여서 만들었던 떡도 싸 가지고 왔다. 같은 교포끼리 나누는 모임들이 이곳 생활을 해 나가는 데 큰 활력소가 되어 준다.

1943년 3월 1일, 사천성 중경

일기는 보통 이상으로 좋았다. 몹시 맑고 따뜻한 날이었다.

아침 9시에 중경 시내 신생활 운동회 대강당에서 제24회 되는 삼일절 기념식이 있었는데, 전체 교포가 회집하여 성대히 거행되었다. 퍽

한국독립당 간부들과 함께 (1940, 뒷줄 왼쪽에서 네 번째가 제시 아버지, 양우조)

성황이었는데 외국 손님으로는 오직 몇 곳의 신문기자 외에는 참가한 이가 없다고 하고, 전부가 동포였는데 그 수가 이백여 명이나 되었다고 한다. 임시 정부가 태어나는 데 결정적인 역할을 했던 삼일운동을 중국의 온 교포가 보는 앞에서 기념하는 자리였다.

모처럼 우리 집 네 식구가 모두 기념식에 참석해 끝까지 잘 지켜본 후 오후에 집에 돌아왔다.

1943년 3월 7일, 사천성 중경

내일 3월 8일은 '국제부녀절'이다. 그래서 '애국부인회'에서도 이날을 성대하게 기념한다고 한다.

'중경한국애국부인회'가 재건이 된 후, 엄마는 총무로 피선이 되어 회의에 관한 모든 일을 맡아 보게 됐다. 제일처로 시작한 것은 홍보 활동…. '중국 중앙방송국'을 통해 세계 만방에 헤어져 살고 있는 우리 여성들과, 더욱이 국내에 있는 부녀자들에게 오늘 저녁 광파 방송을 했다.

엄마는 애국 부인회의 오늘에 이르기까지의 간략한 역사와 또 지금 우리가 어떻게 해야 되겠다는 등의 격렬한 말씀을 광파하며 중경 시내에 소재하고 있는 애국부인회의 소개와 앞으로의 사업 계획을 알림으로써 많은 협조가 있기를 부탁하였다.

밤늦게야 파김치가 되어서 집으로 돌아온 엄마는 제니도 열이 나며 아픈 데다 요즘 어머니 자신의 몸도 건강치를 못해서 내일 부녀절 행사에는 못 가실 것 같다고 한다.

엄마의 오늘의 초행길은 *최용덕 선생께서 동행이 되시어 편히 다녀오셨다고 하신다. 최 선생은 공군 장교로 중국 기관에서 오랫동안 근무하신 분이라 아주 중국통이시고 어머니와는 동성동본이어서 남매같이 지내시는 분이다. 고마운 일이다.

1943년 3월 22일, 사천성 중경

일기가 퍽 명랑했고 저녁에는 밝은 달빛이 온 세상을 덮고 있었다. 제시 엄마의 말에 의하면 오늘이 기념할 날이라고 한다. 그러니깐 우리 부부의 결혼 기념일이다.

저녁 식사 후, 저 멀리로 산보를 몇 시간 하고 돌아왔다. 아무것도 모르는 두 어린애들은 오래간만에 나가 다니매 좋다고 한다. 어떻게 가 버렸는지 모르게 가 버린 인생의 푸르른 시간들이다. 심한 역경 속에서도 천진하게 자라고 있는 이 어린애들이 어른들에게는 큰 위로가 된다는 것을 다시금 느낀다. 우리의 결합이 만들어 낸 결실이다.

1943년 3월 30일, 사천성 중경

오늘은 제니의 생일날이다. 계속해서 기념일을 맞고 있다. 하지만 일기가 유달리 명랑하여 공습이 있을 것 같아 조마조마한 마음으로 지내었다.

아버지께서는 아기 낳느라 수고했다며 나를 위로하느라고 고기 사기 힘든 중경 시내에서 어떻게 구하셨는지 염소 곰국 한 가마를 가지고 오셨다. 어찌나 많은지 온종일 실컷 먹고도 남아서 내일까지 먹을 것 같다. 어른들은 물론이와 아이들도 어찌나 좋아라고 잘 먹는지 모른다.

1943년 4월 15일, 목요일, 사천성 중경

오늘 어머니가 '인제의원'*에 진찰을 받으러 가셨다. 웬셈인지 오른쪽 귀밑이 든든하게 부어서 민간요법을 동원해 각방으로 치료를 해 보았으나 별 효력이 없어 부득이 병원을 찾아간 것이다. 병이 났기 때문인지, 영양 부족인지, 아니면 무슨 다른 병이 난 건지 알 수 없다고 한다.

일전에 제시는 내변 검사를 해 본 즉, 회충이 있다고 해서 우선 한약재인 사군자를 사다 먹이며 회충약을 기다리고 있다.

이번에는 효력이 있었으면 하고 간절히 바라고 있다.

---

* **인제의원**: 중경 인제의원은 기독교 미국 선교회 경영으로 Union Hospital로도 불린다.

1943년 4월 26일, 월요일, 사천성 중경

일기가 흐려서 비가 내릴 듯싶다. 한 주일 동안이나 감기로, 배탈로 앓고 있던 제니가 좀 나은 듯싶다. 그래서 어머니의 수술을 받기 위해 오늘은 남안으로 잠깐 이사를 하게 된 것이다. *최창석 아저씨가 주선해서 총사령부 하인들을 보내 주셔서 아무런 괴로움 없이 이삿짐을 잘 옮겨 왔다. 이사 온 집은 '남안 대불가 98호(南岸 大佛假 九八虎)'로 *왕해공 신익희 선생이 계시던 집이다.

1943년 4월 28일, 수요일, 사천성 중경

남안으로 이사 온 지 삼 일째 되는 아침이다. 공기가 퍽 청신하여 중경이나 강북보다 훨씬 좋다.

이사 온 집이 비록 서향집이지만 전망이 퍽 좋은 곳이다. 소리 내어 굽이쳐 흘러가는 양자강물! 때때로 기적 소리를 내며 지나가는 증기선! 또, 돛 달고 내려가는 목선이며 사람이 끌어 올리는 작은 목선들이 끊일 새가 없고, 전후좌우에서는 베 짜는 소리가 아침 4시부터 밤 10시까지 계속된다.

오늘 아침 11시에 엄마는 교포 외과 의사인 Dr. 한에게 수술을 받기로 했다. 경과가 좋기를 오직 바라고 기도한다!

어머니의 수술은 예정보다 반 시간이나 이르게 10시 20분에 시작해서 약 반 시간 만에 끝났다. 시기가 좀 늦어서 곪기까지 해서 의사와 환자가 좀 곤란을 겪었다고 한다. 하지만 경과는 매우 좋아서 오후와 밤을 별고 없이 지내고 있다.

1943년 4월 30일, 금요일, 사천성 중경

어머니의 수술은 경과가 좋은 모양이다. 그런데 왼쪽 늑막이 아파서 물찜을 하다가 의사의 진찰을 받으니 신경통이라고 한다. 그러나 병명을 알고 나니 안심이 되고 점점 낫고 있기도 하다.

요즘 어머니는 수술을 했고, 제시, 제니 두 아이들을 데리고 아버지의 괴로움은 형용할 수 없을 만큼 심하다. 두 애들 보살피고 환자 간호하기에도 피로한데, 병자는 병적 심리에서 상상하지 못할 정도로 짜증만 내고 있고, 공연히 눈물을 뿌리며 슬퍼만 하니 그야말로 서로가 괴롭기 한량이 없다.

어른, 아이들 할 것 없이 가족 모두의 고생은 헤아릴 수 없을 지경이다. 외모도 말이 아니다. 하지만 어찌 하리요! 어서 이 시기가 지나가소서!

하루하루를 지나서 어머니의 병이 낫기만 바랄 뿐이다.

1943년 5월 10일, 월요일, 사천성 중경

일기는 좋았다.

오늘 하오(오후)에는 난데없이 '한국은 전쟁 후에 국제 공관이 된다'는 문제로 자유한인대회가 오후 2시에 중경 근방에 있는 신운복무사 회집실에서 개최되었다. 그 회에 제시도 같이 참가했다. 회의의 경과는 순조롭게 되었으나 효과는 아무것도 없이 그저 지내었다. 모였던 사람은 한 이백 명쯤 될까?

1943년 6월 15일, 화요일, 사천성 중경

수술을 하러 남안으로 건너온 지 만 50일이 되는 날이다. 완전히 낫지는 않았지만 의사 선생을 자주 볼 필요가 없이 된 만큼 어제 주사를 몇 대 맞고는 오늘 오후 두 시쯤 중경 처소로 돌아가기로 했다.

창석 아저씨가 보내 주신 근무병에게 짐을 메이고 중경을 향해 인연 깊은 남안을 작별케 됐다. 어느새 중경 집을 찾아오는 길이 어석더석한 감이 많아 졌다.

먼지가 쌓인 방을 대강 청소하고 나니 최창석 선생님 댁에서 저녁 식사 준비가 됐다고 오셔서 같이 그리로 가자고 하신다. 덕분에 가서 잘 먹고 돌아왔다. 그 댁에는 제시보다 몇 살 위인 딸 '대욱'이라 이름하는 외동딸애가 있어 제시는 덕분에 엄마가 없는 중경 집 생활이라도 퍽 재미있었던 모양이다. 두어 달 떠나 있다가 돌아온 만큼 반가운 인사가 오고 가고 하는 아름다운 정경도 벌어졌다.

외롭지 않은 날이다.

1943년 7월 10일, 토요일, 사천성 중경

한 이틀 흐리더니 오늘은 선선한 바람이 불어 지내기에 좋다. 하지만 오후가 되면서는 햇볕이 나서 좀 더운 감이 느껴지고 있다.

제시 자매는 삼사 일째 기침을 하며 괴로워한다. 엄마는 빨래를 하시기에 분주하셨고, 두 형제는 집에서 잘 놀고 있다. 엄마는 빨래를 다 하고는 틈을 타서 중국어를 공부하고 계시다.

이곳 중경 집은 살기 좋은 곳이라고는 말할 수 없다. 넓은 공간을 이용할 수 있는 끝방을 택해 갔더니 유달리 습기가 많고 쥐가 많아 방 안

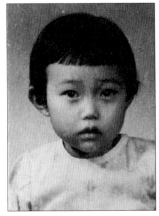

제시, 제니 자매 사진

까지 들어와 다니기 때문에 더욱 골치 아픈 형상이며, 사실 건강에도 적당치 못한 처소다. 중경이란 도시에는 쥐도 전쟁으로 피난 온 모양인지 전쟁 후부터 쥐가 극성을 부린다고 한다. 이곳 쥐는 사람을 무서워하지 않을뿐더러 대항을 하여 쥐에게 물린 젊은이들도 여럿 있다. 중경을 '쥐의 도시'라고 불러도 과언은 아닐 것이다.

제시 자매의 신분증을 해 왔는데 제시는 주민번호가 효자제(孝字弟) 010880, 제니는 010879이다.

1943년 7월 15일, 목요일, 사천성 중경

새벽녘에 소나기가 무섭게 내려 쏟아지기를 서너 시간 계속되다 멎었다. 방안은 비가 새지 않는 곳이 없었다. 다행히 점심을 먹고 나니 햇빛이 내리비친다.

최창석 선생이 활동사진을 구경하러 가자고 하여 저녁 식사 후에는 우리 식구들과 그 댁 식구들을 합한 일곱 명이서 '유일희원(唯一戱院)'

에서 상영하는 〈천죽여매(天竹欐妹)〉라는 인도 영화를 보러 갔다.

　제시에게는 생의 첫 구경이었다. 제시는 활동사진이 무엇인지도 모르고 그저 구경 가자고 때때로 졸라 대더니 얼마나 좋아하는지. 하지만 화면에 사진이 나와 얼렁거리자 무섭다고 엄마 무릎에 머리를 파묻고 울려고 하더니 엄마가 달래는 바람에 겨우 머리를 들었다. 머리를 들고 본 화면에는 어여쁜 색시들이 자전거를 타고 돌아다니며 노는 광경이 보이자 제시는 얼굴 표정이 밝아지며, 흥미가 끌렸는지 다시는 무서워하지 않고 끝까지 재미있게 보는 것이었다. 끝까지 보고 여덟 시쯤 해서 집으로 돌아왔다.

헤어진 가족

1943년 9월 28일, 사천성 중경

오랫동안 경영하던 일인 어머니의 요양 문제는 그새 아무러한 해결 책도 찾지 못하다가 산치(三溪鎭, 삼계진)에서 개업하고 계신 *임의택 의 사가 중경에 다니러 온 것을 기회로 간단히 해결이 됐다. '산치'는 기 강에서 좀 더 들어가는 외진 시골로, 그곳에서 과수원을 겸하며 진료 활동을 하고 있는 임 선생님의 집에는 빈방이 많다고 하며 당분간 그 곳서 휴양할 것을 적극 권유하는 것이었다.

어머니는 제니만을 데리고 가서 시골 공기 맑은 곳에서 몇 달 지내 기로 의논하고, 임의택 선생과 함께 떠나게 됐다.

지난 26일부터 행리를 수습하여 가지고 정거장에 가서 기다리기를 삼 일째. 오늘에야 오후 2시 40분에 간신히 자동차 제5호석 하나를 얻 어 타고 성긴 빗방울이 휘날리는 하오(오후)에 임 의사 아저씨와 같이 남쪽으로 멀어져 있는 신작로를 향해 기적 소리와 같이 떠나 버렸다.

차가 맞고 가는 저 비는 삼 일째나 계속하여 궂은 비가 쉬어 가며 내 리던 것으로 춥기도 하고 지루하여 갑갑하더니 모녀를 시골로 떠나 보낸 오늘에서야 비로소 시원한 느낌이 난다.

일기가 궂은 탓으로 제시에게 필제(조소앙 선생 차녀)네 집에서 놀고 있으라는 부탁을 하고, 아침에 정거장에를 나갔다가 오후에서야 돌아와 보니 어찌나 반가워하는지 필제와 같이 무엇인가를 먹고 있다가 아빠 목소리가 들리니 막 달려 나왔다. 아빠의 품에 안기며 제시는 '엄마와 제니는 잘 떠나셨어요?' 하고 묻는다.

저녁에는 적적하겠다고 최 씨, 권 씨, 조 씨 등이 와서 위로의 문안을 해 주었다. 그들이 가고 난 저녁은 과연 시원섭섭한 느낌이 없지 않았다. 그러나 산더미같이 쌓여 있는 너덧(四五) 종류의 결산 서류를 어떻게 속히 정리하는가 하는 염려에 별다른 생각이 미처 나올 겨를이 없고, 내일 아침부터 할 일을 계획하느라 분주하다가 제시와 같이 자리에 누웠다.

1943년 10월 6일, 수요일, 사천성 중경

어제 저녁부터 궂은 비가 다시 내리기 시작한다. 오늘 아침에서야 임 의사에게서 편지가 왔다. 9월 30일에야 기강에 무사히 도착되었다고 한다. 중경서 기강엔 길어야 네 시간 반이면 도착되는 거리인데 3일 만에야 갔다고 하니 전시라 모든 것이 순조롭지 못한 모양이다.

중간에 무슨 고장이 있었는지는 모르나, 엄마와 제니가 많은 고생을 했으리라 생각된다. 길 가운데서 두 저녁을 지냈으니 그 얼마나 고생이 되었으랴! 일기나 좋았으면 고생스런 여행이라 하더라도 유쾌를 느끼지 아니했으랴?! 생각할수록 가엾기만 하다.

오늘 오후까지 모든 결산서를 다 끝마치고 좀 한가하여 제시에게 옛

말을 하나 해 주고 또 편히 쉬려고 한다. 그리고 내일부터는 쉬면서 집 일과 거리 구경을 가려고 한다.

1943년 11월 13일, 토요일, 사천성 중경

천지(天地)는 영락없이 중경 천지다. 벌써 여러 날 전부터 금방 비가 내릴 듯이 흐려 가지고 있다. 이는 중경의 전형적인 일기다. 이미 입동을 지낸 때라 추위도 상당하다. 햇볕이 나기만 하면 좋으련만 흐리기만 하니 불쾌하기 짝이 없는 생활이다.

어머니는 그새 삼계진으로 휴양 가신 후, 소식도 별로 없더니 이삼 일 전에서야 두어 장 긴 편지가 와서 그새 잘 휴양하며 있는 것을 알게 됐다. 제니도 역시 편안히 잘 지낸다고 했다.

제시는 온종일 장난에 열중하여 별로 엄마와 동생을 생각하는 것 같지 않으나, 저녁 식사 후 잠자리에 누울 때와 아침에 일어날 때면 반드시 '지금 엄마와 제비도 잠자려고 자리에 눕겠다, 깨었겠다.' 하며 이야기를 한다. 요즘도 일기를 쓰지 못하고 분주히 지내다 오늘 시간의 여유가 있어서 좀 써 보려고 일기 책을 여니 제시와 제니 신분증이 있었다. 신분증을 들여다보고 있으니 자려고 드러누웠던 제시가 자기도 보겠다고 하며 손에 들고는 여간 반가워하는 것이 아니었다. '제니, 제니. 네가 언제 왔냐?' 하며 좋아하고 있다.

겨울이 되자 물가는 놀랄 만큼 치솟고 있다. 계란 한 개에 5원, 무, 배추 한 근에 5~6원, 넨고 한 근에 16원, 과자 한 근에 최소 38원에서 60원, 소고기 한 근에 24원씩 한다. 이렇게 올라가다가는 마지막엔 어디까지 갈지 도저히 예측할 수가 없다.

10월 9일부터 열린 '임시 의회'는 그새 휴회도 여러 번씩 했지만 아직 언제나 끝이 날지 모르겠다. 매일 오전과 오후에 다녀오곤 한다. 제시는 매일 한결같이 나가 놀고 또, 이름 쓰는 것을 익히면서 그날그날을 잘 지내고 있다. 엄마 없이도 잘 자라는 제시가 기특하다.

1943년 11월 23일, 예배이일(화요일), 사천성 중경

음력으로 10월 26일, 즉 소설(小雪)이다. 절기 추위를 타노라고인지 며칠 동안 괴롭게 춥더니 이삼 일간은 태양도 때로 비치어 조금 날씨가 풀리는 듯하다.

어머니의 편지가 왔다. 제시의 겨울옷이 상자 속에 들어 있으니 찾아 입히라는 부탁에 따라 재킷, 장갑, 모자들을 찾아 입혔다. 수백 리 밖에 가 계시는 엄마가 이처럼 고맙게 생각해 주신다고 제시는 좋아라고 뛰며 기뻐한다.

어제 저녁에 백탄(흰 석탄) 100근에 620원을 주고 사 왔다. 이달 초순경에는 500원 하던 것이 이렇게 올랐다는 것이다. 물가는 매일 올라만 가고 있다!

오늘 엄마에게 편지를 보냈다. 엄마의 요양은 차도가 있다고 하니 속히 집으로 돌아오셨으면 좋을 것이라고 편지에 썼다. 언제나 오려는지!?

1943년 12월 31일, 사천성 중경

제석(除夕)의 유감스런 회포를 풀어 볼까 한다.

어느덧 1943년도 마지막 날을 고한다. 일 년 동안 고와 낙을 같이 하던 이 해도 영영 작별케 된다. 어머니는 최근 몇 달 동안 병 치료를 위하야 임 의사(임의택 씨)를 찾아가시고, 아버지와 같이 집에 있는 제시는 그동안 부녀간에 단둘이서 유감스럽고 애연스런 때도 많이 있었다.

더욱이나 10월 9일 후로는 제35차 의회 기간이어서 매일 상하오로 회의에 참석하시랴 어린 제시를 데리고 음식도 손수 지어 먹으면서 분주하였다.

그 의회는 기행적 회의가 되어서 예정대로 뜻과 같이 잘 진행이 못되고 지리멸렬하야 끝날 줄을 모르고 해를 넘기게 되는 이때 사사로나 공으로나 모두가 파산이고 외인에게 창피하고 수치스런 일만 많이 나타나고 있다. 각 방면으로 보아 어서 속히 이 해의 괴로움을 모두 영영히 결별하고 광명스런 새해와 같이 풍부한 소망의 새해가 돌아와서 모든 일이 좀 경제적으로 진전되었으면 하고 오직 바라고 있다.

제시는 요즘 건강하게 잘 지내면서 간혹 제니의 말과 어머니의 말을 하면서 지내는데 사랑스러운 일도 많이 있다. 이것이 괴로운 중에 낙이라면 낙이라 하겠다.

아! 괴로움의 1943년은 모든 불만과 불행을 짊어지고 영원히 떠나가소서. 그리고 광명과 소망의 1944년이 전개되는 이때, 공으로 사로 모두가 원만하게 이뤄지이다.

1,450리나 되는 거리를 헤어져 새해를 맞이하고 있는 우리 가족은 간절히 빌고 있다.

"오! 하느님이여 만만복을 우리 집에 내리워지이다. 광명의 길이 나타나 능히 걸어가게 하소서. 아멘."

갑신년(甲申年), 1944년, 대한민국 26년

1944년 1월 1일, 사천성 중경

오늘은 광영스런 소망을 가득 싣고 인류 사회에 행복을 가져다줄 1944년 1월 1일이다.

오늘부터는 전날의 모든 괴로움이 묵은해와 같이 소멸되고 광영의 빛으로 성공의 새해가 될 것이다.

중경 특유의 일기라 태양이 화려하게 나타나지는 않지만 어둠침침하지는 않은 비교적 개인 날씨였다. 아침 8시 반에 제시와 같이 당부(黨府)로 단배례(團拜禮)에 출석하였다 돌아왔다.

새해 첫날이라고 만나는 사람마다 새해 인사를 주고받고 음식도 차도 나누었다. 제시는 세뱃돈이 60원가량 되었고 사탕, 과자, 실과, 심지어는 사탕수수대까지 받아 가지고 와서 여러 날 두고 먹으며 제니의 말도 하였다. 동생을 기다리는 표정이었다. 언니라고 제 동생과 나눠 먹고 싶은 모양이다.

1944년 2월 4일, 사천성 중경

'산치'에서의 요양 생활을 끝내고 돌아왔다.

오후 세 시쯤 제니를 데리고 두어 날 비가 내려 질벅거리는 길을 걸어 중경 처소로 돌아오니 제시는 기쁨이 얼굴에 가득 차서 마마를 부르며 즐거워한다. 회의가 있어 가셨던 빠빠께서도 소식을 듣고 오셨다.

온종일 아무런 음식도 먹지 못한 제니는 배가 고프다고 하여 음식점으로 데리고 나가 저녁 식사를 하고 돌아왔다. 제시는 제 동생 주겠다고 준비해 뒀던 과자를 끄집어내어 제니를 주며 좋아한다. 그러나 제니는 그새 낯이 설어 서먹서먹거리며 있다가 저녁때가 지나니 '우리 집으로 가자'고 울며 야단법석을 하여 온 가족이 어쩔 줄을 몰랐다.

아버지의 '엄마' 되기

1944년 3월 11일, 토요일, 사천성 중경

봄 절기가 완연하다. 그래서인지 운무기가 9월에서 다음해 4월까지 계속되는 중경 일기도 요즘은 점점 명랑해져 간다.

여러 가지 볼일이 있어 온 식구가 토교 우리 촌을 다녀오기로 작정하고, 태평마투로 나가서 '장원'이란 기선을 타게 됐다. 배는 정각인 11시에야 출발했다. 서너 시간 만에 '라자터우'에 도착하여서 연락선으로 강을 건너 상륙했다. 점심을 사 먹고, 우리 마을인 '신한촌(新韓村)'으로 찾아 들어갔다.

임시 정부가 애들과 부인, 노약자들을 위해 중국에서 땅을 임대해 만든 '토교'의 한인촌은 마을 전체가 대나무 밭으로 둘러싸여 있고 시내도 흐르고, 그 주위로 사철나무가 우거져 있어 무척 아름다운 풍경을 자아내고 있었다. 언덕에 있는 YMCA 회관과 민가에서는 아이들을 모아 한국말과 한국 노래를 가르치고 있어, 그 앞을 지날 때면 고향에 온 느낌이 들곤 했다.

오랜만에 여러 댁 식구들을 반가이 만나 재미나게 이야기가 오고 가고 했다.

새벽부터 쏟아지는 비가 늦은 아침, 열 시나 되어 멎었다. 길이 여간 사나운 것이 아니다. 중경시 남안 인제의원에 입원하고 계신 어머니는 오늘 수술을 한다고 하더니 내일로 연기됐다고 한다. 내일에는 수술을 하고 경과가 좋아지기를 고대한다.

제니는 입원 기간 동안 엄마를 떨어져 지내기 어려우리라 생각했는데 다행스럽게도 엄마를 찾지 않고 언니와 잘 놀고 있다. 엄마 없이 지내는 두 자매에 대한 측은한 생각을 금할 길 없다.

괴로운 일이 올 때에는 첩첩이 온다 하더니 엄마는 수술을 받으러 병원에 가시고, 제시는 삼사 일 전부터 턱밑 임파선이 부어서 약물찜을 하고 있다.

1944년 4월 11일, 화요일, 사천성 중경

오늘은 의정원과 임시 정부 성립 제25주년 기념일이라고 한다. 정부나 의정원에서 일이 잘 되어 가지는 못해도 기념식은 여전히 거행한다고 한다!

오늘 오전 10시, 어머니는 예정대로 '인제의원'에서 미국 의사 'Dr. Allen'의 지도하에 몇몇 의사와 간호사들에 의해 큰 수술을 받았다. 작년 4월 28일 남안에 사시는 Dr. 한에게 받은 수술보다는 큰 것인가 보다. 전신 마취를 하고 수술을 했는데 수술한 자리를 모두 꿰매었다고 한다. 경과가 좋아서 속히 나았으면 한다.

일생에 한 번도 어려운 일인데 매해 수술을 받지 않을 수 없게 되니 그야말로 형언키 어려운 불행한 일이 아닌가!

1944년 4월 22일, 토요일, 사천성 중경

오늘은 병원에 계신 엄마를 심방하기로 하고, 온 식구 3인이 차를 타고, 배를 타고, 또 걸어서 남안 쌴타묘 인제의원에 도착했다. 엄마는 지난 20일에 수술한 자리를 꿰매었던 실을 다 뽑았다고 하셨다.

엄마를 반갑게 만나 보고 오후 4가 되어서 병원에서 떠나 6시 가량이나 되어서야 저녁도 먹고, 과자도 사 가지고 집에 돌아왔다. 집에서 쓸 이것저것을 사기 위해 가게 여러 곳을 들러서 왔다. 어머니 역할을 대신하는 것이 이제는 익숙해진 느낌이다. 제시와 제니는 픽 고단한 모양이다. 잠을 잘 자고 있다.

1944년 4월 28일, 금요일, 사천성 중경

일기는 명랑했다. 어머니께서는 수술 후, 그러니깐 18일째가 되는 날인 오늘 아침, 퇴원하여 집으로 오셨다. 병원 수속을 다 치르고 데려오신 최창석 씨와 같이 집으로 오셨다. 이번에도 아이들과 함께 있어야 하는 나를 대신해서 수고를 많이 해 주신다. 창석 씨와의 사이에는 십 년 정도의 연령 차이가 나지만, 마마에게는 친오빠와 같이 대해 준다. 고마운 분이다.

오랜만에 아빠와 제시, 제니 두 사랑스런 얼굴을 대하는 엄마는 몹시 기뻐한다. 고깃국과 맛난 반찬들을 준비해 놓고 기다리던 식구들은 모여 앉아 모처럼 다 함께 저녁 식사를 했다.

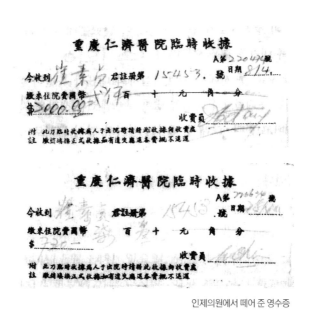

인제의원에서 떼어 준 영수증

드디어 가족이 모두 집에 모여 있다. 한자리에 모여 있다. 당연한 일이지만 오늘 우리 가족에겐 너무도 소중한 일이다.

1944년 4월 29일, 토요일, 사천성 중경

둘째 딸 제니는 신색이 몹시 좋지 않을뿐더러 소화되지 않은 변을 보았다고 하더니 지난밤엔 열이 올라 신음을 하고, 새벽녘엔 또 귀가 아프다고 하여 귀밑을 만져 보니 좀 부은 듯하다. 걱정이 되어 불을 피우고 물찜질을 해 보았으나 아직 확실한 병증을 알 수 없다. 아침엔 열이 좀 내렸으나 그저 괴로워하고 음식은 먹지를 않는다.

어머니께서 퇴원을 하셨다고 우천 조완구 선생님께서 '광동주가'에서 아침을 대접하신다고 하나 아픈 제니를 놓고 갈 수 없어 어머니만 갔다 오게 했다.

1944년 5월 1일, 월요일, 사천성 중경

일기는 본격적으로 점점 맑아지고 또 더워 온다. 12시가 거의 되어서 정찰경보가 있다고 홍등이 달렸는데 오후 두 시가 지나도록 내려올 줄을 모른다.

오늘 오후 두 시에는 세계적십자회 대표가 특별히 한국 동포 전체를 초대하고 음악회를 열어 무미건조한 생활을 일시 위로해 준다고 한다. 그래서 제시는 엄마와 같이 교회로 구경을 갔다. 아직 제니의 상태가 썩 좋지 않기 때문에 나와 제니는 집에서 쉬었다.

근심 어린 손님, 병마가 머무르다

1944년 5월 14일, 일요일, 사천성 중경

제시가 학교엘 가는 날이다. 임시 정부에서 한교 아이들을 모아 놓고, 한글과 우리나라 역사, 그리고 민족혼을 심어 주는 주말임시학교다.

오늘은 새벽부터 비가 내리는 관계로 학교가 성실히 되지 못했다. 아이들도 오지 않아 흐지부지 중간에 마치고 말았다. 제시는 학교에 가겠다고 아침부터 일찍 일어나 분주하더니 여러 날 전부터 부탁하던 속바지를 찾아서 주자 그렇게 좋아한다. 엄마가 속바지를 찾느라고 상자를 뒤지는 겨를에 색 있는 헝겊을 몇 개 얻어 가지고는 제법 꽃처럼 만들어서는 제 머리에 달고 다닌다. 가르쳐 주지 않아도 그러고 다니며 좋아하는 걸 보면 아무래도 이것이 여자의 본색인가 보다!

몇 주일 동안 제시는 매일 습자에 백 점을 맞아 왔는데, 오늘은 지난 주일보다 더 잘 썼는데도 중간에 학교가 그만두는 바람에 실패로 돌아갔다고 풀 데 없는 화증을 내고 있다. 한글 공부를 열심히 해 주는 제시가 기특하다.

1944년 5월 21일 일요일, 사천성 중경

오늘은 굴속같이 어두컴컴하고 음습한 정부 숙사를 떠나 양옥 3층으로 이사 가는 날이다. 새집의 주소는 '화약국가(火藥局街) 39호 3층'이다.

산등성이 3층집이라 태양이 올라와 서산으로 넘어갈 때까지 그늘진 데 없이 밝게 보인다. 물론 중국 사람의 집이다. 임의택 선생이 3층 절반을 얻어 놓았는데 침방이 두 개, 마루방이 두 개여서 두 집이 지내기에 넉넉하다.

우리는 침방 두 개 중 입구 쪽 방을 쓰기로 했는데 침대 2개를 들여다 놓고, 방 앞의 공간에는 주방 기구를 갖다 놓았다. 베란다가 넓게 만들어져 있기 때문에 애들 놀기도 좋고, 베란다에는 흙으로 만든 연탄을 넣을 수 있는 아궁이 모양 구멍이 있어 그 위에서 밥을 짓는다. 또, 정부 숙사는 음습하고 병 나기 쉬운 곳이더니 이 집은 너무나 명랑하고 햇빛이 밝게 방 안을 비치고 있어 오히려 걱정이 될 지경이다. 전 중경 시가지가 눈 아래로 보이는 것은 물론이고 황고야가 평형으로 건너다 보이며 양자강의 흐르는 물결이 굽어 보인다.

앞으로는 새집에서 만사가 명랑해지기를 바랄 뿐이다.

1944년 10월 10일, 토요일, 사천성 중경

중국의 국경일이다. 쌍십절인 오늘도 온종일 비가 그치지 않고 내리고 있어 비에 젖은 중국의 청천백일만지홍의 국기는 힘없이 축 늘어져 걸린 모양이 아무리 보아도 얼빠진 표현이 드러난다.

조금씩 내리던 비에 어느새 젖어 들어 늘어진 깃발처럼, 우리 민족에게도 이 전쟁이, 이 일제의 침략이 계속된다면, 어느 누구도 깨달을 사이 없이 축 늘어진 모양으로 얼빠진 민족으로 변해 버리는 것이 아닐까 하는 걱정이 든다. 누구보다도 펄럭이며 서슬이 퍼렇고 뻣뻣하던 민족이 아니던가.

어느새 그 대륙의 거대하던 중국마저도 전쟁 통에 시들시들 기운을 잃고 있는 느낌이 들어 유쾌하지 않은 하루다.

제시와 제니는 비가 오는데도 개의치 않고 빗속을 천진난만하게 뛰어 놀더니 공부를 하고 있고, 엄마도 요즘은 건강이 다소 회복된 듯하다. 제시 엄마는 나와의 결혼이 아니었다면 지금쯤 본토에서 계속 교편을 잡고 있거나 미국 유학생으로 학문에 전념하고 있었을 것이거늘 이곳, 중국에서 온갖 시련을 다 겪고 있다.

이 장맛비가 이제는 너무도 지루한 감을 느끼게 한다. 언제쯤 끝나게 될 것인가! 아니, 이 전쟁은 언제쯤 끝나게 될 것인가!

을유년(乙酉年), 1945년, 대한민국 27년

1945년 1월 1일, 사천성 중경

원단은 무한한 희망과 행복을 가득 싣고 식구의 4분의 3이 병마로 누워 있는 우리 집에도 찾아왔다. 수술을 받은 어머니는 별 괴로움 없이 잘 지내시고, 제시와 제니의 홍역도 순조롭게 잘 진행이 되고 있다. 제니는 언니보다 하루 일찍 발진이 시작되어서인지 얼굴이 더 안돼 보인다. 고집스럽고 주장 강한 똘똘한 얼굴이 반쪽이 됐다.

임시 정부에서는 '연화지 연지행관(蓮花池 蓮池行館)'에 자리를 얻어가지고 1월 1일 새 청사로 이사를 가면서 승기식도 하고 정부 내 전체 직원이 다 모여서 단배식도 지냈다.

1945년 2월 2일, 사천성 중경

제시 자매는 거의 건강이 회복되었다. 그런데 엄마의 지난번 수술은 완치되었다고 하더니 그 부근이 다시 성종(成腫)이 되어(곪아서) 시립병원에 다니고 있다가 의사인 춘곡 임의택 선생과 최성오 선생, 두 분의 손을 빌어 오후 2시 20분에 다시 4차로 수술을 받게 되었다.

저녁까지 경과는 대단히 좋았다. 그러나 밤이 되니 어머니의 신음하는 소리가 들려온다. 괴로운 모양이다. 그래도 새벽이 밝아 오니 좀 잠잠해지고 있다.

사람의 몸이 아픈 것은 어찌할 수 없는 일이다. 옆에서 대신 아파 줄 수도, 고통을 덜어 줄 수도 없다. 지켜보는 일 또한 쉬운 일이 아니다. 아픈 사람의 자리를 대신하고, 아픈 사람을 위로하는 것 못지않게 환자가 가지고 오는 걱정과 고통의 어두운 그림자는 그 자체만으로 주변의 사람들을 삼켜 버린다.

병에서 오는 육체적 고통이 아닌 마음에서 오는 슬픔이란 것이 환자를, 환자 주변의 사람들을 더 힘들게 만든다. 그 사람의 자리를 다시 돌아보고 내가 그 사람에게 차지하는 부분을 다시금 확인하게 되는 것이 질병이란 이름의 불행이 휩쓸고 가는 자리, 그 뒤에 남는 흔적일 것이다.

1945년 2월 7일, 사천성 중경

어제부터 보슬비가 내리더니 오늘 새벽부터는 눈비가 섞여 내리기를 은종일 계속되고 있다. 그래서인지 날씨는 퍽 추워졌다. 그래도 금년에는 풍년이 들 것이라고 사람들은 위안을 받고 있다.

7개월 동안이나 식사를 거들어 주던 임의택 선생님네 중국인 양녀, 이순창은 자기 집에 볼일이 생겨 보름간 청가하고 집으로 가게 되었다. 그 대신에 다른 이가 왔는데 새로 온 이가 너무 불편한 점이 많아서 그만 어머니의 자리가 비어 있는 우리 집과 홀로 사시는 임의택 선생, 부인과 아이가 친정으로 가 있는 창석 씨가 함께하는 공동 식사는 중지되어 버렸다.

그리고 창석 씨는 백산 지청천 선생 댁으로 가시어 식사하기로 했다고 한다. 공동생활, 더욱이 공동 식사를 멈추니 편리한 점도 있지만 불편한 점이 퍽이나 느껴진다. 대신 가족들이 조금씩 나눠 가며 하고 있다.

엄마는 수술 경과는 괜찮으나 과로는 할 수 없을뿐더러 목을 움직이기도 퍽 불편해 하고 있다. 제시와 제니는 홍역 뒤끝이 양호하다.

1945년 2월 19일, 사천성 중경

요즘 몇 날은 날씨가 많이 따뜻해졌다. 봄소식이 오는 듯싶다. 오늘이 음력으로 우수(雨水)란다. 그런 때문인지 비록 햇볕은 나지 않지만 매화꽃 팔러 다니는 사람이 있다.

꽃 소식과 같이 우리 동포, 우리 가족에게도 따스한 소식이 전해져 온다면 얼마나 좋을 것인가!

새해를 맞이하자 물가는 어찌 올라만 가는지 소고기 한 근에 육칠십원 하던 것이 1,780원씩 하는데 그것도 품귀 현상이어서 마음대로 살 수가 없다.

제시 자매는 건강이 많이 회복되었고, 엄마도 제4차 수술 후, 점점 건강이 회복되고 있다.

1945년 3월 11일, 사천성 중경

오래전부터 계획해 오던 '토교'행을 오늘에야 실행케 됐다. 오전 11시에 떠나는 배로 가려고 했지만, 그 시간에 배가 없어서 오후 두 시에야 떠나 5시에 '자터우'에 도착하게 됐다. 제시와 함께하는 나그네 길이었다. 먹기는 청년회관에서 먹고, 자기는 '이혜춘 선생' 방에서 자려고 한다.

제시는 친구들이 많아서 놀기에 퍽 재밌는 모양이다.

1945년 3월 17일, 사천성 중경

요즘 며칠 동안 일기가 좀 추웠다. 오늘은 처음으로 한인촌 안에서 벌어지는 '개장 추렴(무슨 모임의 비용으로 돈을 얼마씩 거두어 냄)'에 참가해서 잘 먹었다. 오늘의 만족스런 포식은 참으로 오랜만이다. 이것이 단지 못 먹어서 궁했던 탓인가! 명절날, 한 집안 대식구가 모두 모였을 때처럼 그 편안함과 흥거움이 떠오르는 날이다.

1945년 3월 28일, 사천성 중경

토교 한인촌에 와서 18일 동안 지내는 동안, 제시는 동무들이 많이 있어서 재미로웠다. 오늘은 아버지께서 중경으로 돌아가셔야겠는 고로 부득이 정든 토교 식구들을 작별하고 아침 9시 반에 집을 떠나서 '니자투' 선창으로 나오게 됐다. 토교동감(土橋東坎) 제일 높은 언덕 위에 세운 청년회관(YMCA 회관), 그 위의 반공(半空)에 펄펄 날리고 있는 태극기! 그 무엇을 애원하는 듯한 태극기를 향해 경례를 하고 떠나왔다.

정오 12시쯤 중경 집으로 돌아오니 어머니와 제니는 무한히 반갑게 맞이해 준다. 하지만 두 식구의 건강은 그저 그런 모양이다. 기대와는 좀 거리가 먼 모습이다. 기가 막힌다.

1945년 4월 20일, 사천성 중경

어제 아침에도 비가 오더니, 오늘 새벽에도 비가 내려 일기는 퍽 서늘해졌다.

요즘 의회가 개원되어 분주하신 아버지께서는 아침부터 저녁까지 매일 삼사 차례의 회의가 있어서 분주하신 모양이다.

요즘 지루한 수술 후, 문제의 종기는 거의 아물어 간다고 한다. 몸이 튼튼하면 속히 되련만, 허약한 몸이라 지루하게도 속히 완쾌가 되지 않는다고 아빠께서는 매일 귀한 소고기를 사다 대접해 주시다가 오늘은 닭 한 마리를 사 오셨는데 한 근에 260원이라고 한다. 이것이 전시 물가다. 그러니깐 닭 한 마리에 일금 1,350원을 지불했다고 하신다. 언제나 정성으로 대해 주시는 아빠께 미안할 따름이다.

1945년 5월 1일, 사천성 중경

메이데이, 노동절이 오늘이다. 그래서 온 세상 노동자들은 오늘을 기뻐 맞이한다. 길거리 전주마다에는 표어가 붙어 있다. 오늘을 계기로 해서 오랫동안 운동 중에 있던 우리 광복군이 오늘부터는 완전히 '한국 광복군'으로 되는 날이라고 한다. 그래서 사령부 안에는 상하 직원이 거의 다 우리 사람으로 개편되고, 필요한 기술자로 중국 사람도 얼마가 있다고 한다. 그러므로 아버지도 오늘부터 광복군에 취직이 되신 모양이다. 그래서 앞으로는 집안

일을 거들어 줄 시간이 적을 것을 근심하신다.

1945년 6월 2일, 사천성 중경

완연한 여름 날씨다. 날씨는 왜 그리 더운지 정오의 실내 온도가 97도로 계속 더위가 극성을 부리고 있고, 비는 오지를 않아 농터에 곡식물들은 거의 말라 버렸다고 한다. 하지만 금년엔 밀이 풍년이라 하여 시장에 가서 알아보니 소두 한 말에 5,000원이 넘는다고 한다. 우리네 교포들은 거의 생활의 여유를 가질 수 없는 형편이라 더욱이 걱정이 된다.

소금, 장, 숯 사는 것을 다 그만두고도 매일 지갑에 5백 원을 가져야 살아가겠다고 예산해 본다. 그것도 언제까지나 버티게 될지 모른다고 걱정이다.

1945년 7월 12일, 사천성 중경

요즘 가뭄이 심해지자 더위는 더욱 더 심해져서 시민들은 밤낮으로 잠을 잘 수가 없어 저마다 괴로운 중에 지냈다. 비가 내리지 않아 가뭄이 점점 심해지니 곡식 값은 올라만 가고 덩달아 모든 물가가 더 치솟기만 한다.

세상엔 돈보다 더 가치 있는 것이 많다. 매일매일을 보이지 않는 목표를 향해 살아가는 우리의 생활에서 눈에 보이고, 손에 잡히는 세상살이가 가끔은 우리를 근심스럽게 한다. 하지만 삶에 대한 애착이 사람을 더욱 지혜롭게 하고, 목표를 향한 삶이 더 우리의 삶을 풍요롭게 하듯이 우리 교포들의 삶은 꿋꿋하게 진행되어 갈 것이다.

짧지 않은 세월, 그 시간의 끝을 향해 살아가고 있는 우리들은 세월의 도전에 맞부딪히며 살아가게 될 것이다. 그리고 언젠가 그 세월의 끝에서 깊은 감회를 갖고 돌이켜 보는 순간도 있으리라. 지금 살기 힘들다고 얘기하지 않으려 한다.

1945년 7월 29일, 사천성 중경

제시는 제2차로 아랫니 하나를 뺐다. 이것이 인생의 한 과정인가 보다. 어제처럼 이가 나왔다고 하던 것이 어느덧 이를 빼느라고 야단이다.

이제 나올 새 이는 평생 지니고 사용할 수 있는 이가 될 것이다. 이는 이대로, 손발은 손발대로, 눈·코·입은 눈·코·입대로 각자의 기능을 수행하면서 제시의 건강한 생활을 이뤄 갈 것이다. 각자 자신의 위치에서 능력을 발휘해서 하나의 몸을 움직여 가듯이 장성한 후의 제시도 자신이 가진 능력을 발휘해서 더 큰일을 해낼 수 있을 것이다. 무엇이든 혼자서 큰일을 이룰 수는 없다. 각자의 능력이 모여서 한 가정을 이루고, 한 사회의 모든 이가 더 나은 삶을 사는 데 도움이 되는 일을 해내는 것이다. 여러 사람의 노력이 모이고 모여 나라를 되찾는 데 한 걸음 더 나아갈 수 있는 것이다.

이 아이가 자라서 단지 하나의 이가 되어 자리하기보다는 여러 이 중의 하나가 되어 주변 사람들과 함께 어렵고 큰일이라도 다져 나가고 소화시키는 협동의 귀중함을 깨닫게 되길 빈다. 제시에게서 자신의 역할을 무사히 마치고 빠져나온 이 하나를 보며 떠오르는 생각이다.

1945년 8월 9일, 사천성 중경

8월이 도착되었다. 오후 한 시에 오랫동안 문제로 걸려 있던 일소전쟁에서 소련이 일본을 향해 선전포고를 발표했다. 세상은 미칠 듯이 좋아한다. 동시에 제2차 세계대전 중에 발명이 된 미국의 원자폭탄 한 개가 일본 히로시마에 떨어지자 땅 덩어리 3분의 1이 날아가 버렸다고 한다. 놀라운 일이다.

3:22 '37.

6

소원은
이뤄졌지만....

濟始의 日記

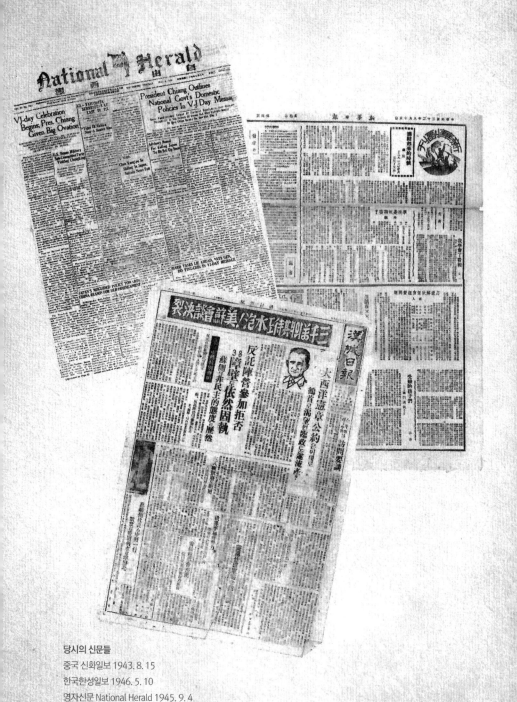

당시의 신문들

중국 신화일보 1943. 8. 15

한국한성일보 1946. 5. 10

영자신문 National Herald 1945. 9. 4

광복의 그날이 오다

1945년 8월 10일, 사천성 중경

상오 10시(미국 샌프란시스코 시간)에 일본이 무조건적으로 동맹국에 **투항했다**는 소식이 **중경**에 도착한 것은 오늘, **10일 저녁 8시**쯤이었다.

밖에서 들려오는 시끄러운 소리에 웬일인가 밖을 내다보니 사람들이 일본이 망했다고 한다. 이 소리를 듣는 순간, 정신이 아득해 오며 아무 생각도 들지 않는 것이다. 가슴이 뛰고, 너무 어지러워 자리에 가서 잠시 누워야 할 정도였다. 이런 식으로 일본의 패망을 만나게 될 줄은 몰랐었다.

세상은 밤을 새워 가며 미칠 듯이 좋아라고 야단을 한다. 그러나 웬셈인지 우리나라 사람들(한국 교포들)은 나와 같은 맘인지 다들 멍하여 가지고 정신을 못 차리고 있는 것이다.

계속 발표되는 방송을 들으며 착잡한 생각에 밤잠을 잘 이루지 못했다.

제시와 제니도 어머니와 같이 방송을 듣고 그저 좋다고 하며 밤에 잠을 잘 자지 못하고 있었다. 제시의 물음이 '왜놈이 망했으니 우리 인제는 할머니, 할아버지 계신 데 가게 되는 것이지요?' 라고 한다.

그 물음을 듣고 나니 본국이 그리워지며 부모님, 형제들, 친구들의 모습이

번갈아 가며 눈앞에 나타나는 것이다. (진한 글씨: 볼펜으로 눌러쓴 것)

1945년 8월 13일, 사천성 중경

몹시 무더운 날씨다. 얼굴과 몸에 땀띠가 나기 시작한다. 이것이 금년으로는 마지막 더위인 듯하다.

중경에 거주하는 좁은 우리 사회에서는 거의 매일 각종 회의가 열리고 있다. 모두 흥분을 가라앉히지 못하고 있다. 그러나 지금 아무러한 구체적 결정이 있을 때는 아니다.

어떠한 방면에서 듣건대 우리나라에 탁치(託治) 제도를 쓰기로 벌써 결정이 되었다는 말도 들리고 있다. 아, 이것이 과연 사실이라면 우리 전 민족, 더구나 해외에서 독립운동 하러 다니던 이들의 목적과는 너무도 심한 차가 있는 것이다. 그래서 요즘은 회의가 많은가 보다.

1945년 8월 28일, 사천성 중경

십여 일간이나 뜨겁게 덥던 일기도 서너 번의 소나기에 퍽이나 식어 버린 모양이다.

전쟁이 끝났다고 물건 값은 많이 떨어지고, 저마다 제 고향으로 돌아가려고 주선과 활동이 많다. 우리네 한교들도 귀국 수속과 주선을 하고 있으나 서로 의견이 맞지 않아 크고 작은 일이 착착 진행되지 못하는 것이다.

내일이 '국치(國恥)기념일'인데 금년에도 거르지 않고 각 구역으로 모인다고 한다.

제시는 요즘 독본 제3권을 읽느라고 분주하다. 가을에 학교에 입학시키려 했던 계획이 시국의 급변으로 중지가 됐다. 부지런히 집에서 공부하다가 귀

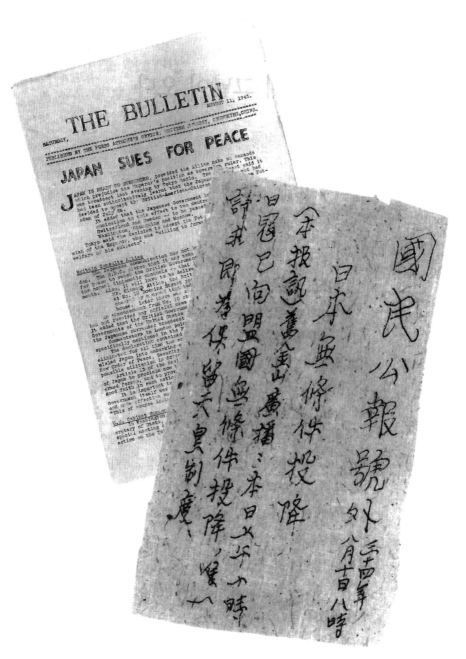

'일본의 무조건 투항'을 전하고 있는 호외와 신문

국 후, 3학년에 입학하도록 해야겠다.

1945년 9월 10일, 월요일, 사천성 중경

음력으로는 8월 5일, 이제는 가을이 문턱에 다가온 느낌이다. 그리도 무덥던 날씨가 아침 저녁으로 쌀쌀해졌다. 더구나 근일에는 가는 비가 오고 가고 하더니 더욱 추워진다! 애들은 춥다고 겹저고리를 입고 다닌다.

어제 저녁 11시 20분에 동암 차리석 선생이 관인의원 125호실에서 세상을 떠나셨다고 한다. 고향으로 가는 날을 목전에 두고 먼저 떠나신 분. 누구보다 먼저 고향 땅에 가 계신 건지, 추워지는 날씨에 마음까지 더욱 쓸쓸해진다.

1945년 9월 20일, 사천성 중경

음력 8월 15일, 추석날이다. 금년은 전과 달리, 중국이 항전 승리한 해라고 하여 시내 곳곳이 대단히 흥청거린다.

우리도 이곳에서 다시 추석날을 맞이하지 아니하려는 생각에서 마지막이라는 맘으로 그전과는 달리 지내려 한다. 이제 전쟁이 끝을 맺은 것이다.

명절 분위기를 내고 싶어서 제시와 제니가 있는 만큼 월병도 두세 종류 사고, 유즈(귤의 한 종류)와 사탕도 넉넉히 사 왔다. 그랬더니 아이들은 철없이 좋아라고 한다.

이제 자신들의 조국으로 돌아갈 아이들에게 중국 생활이 어떻게 기억될까? 누구든 자신이 가진 경험은 무엇보다 소중한 것으로 어느 누구도 빼앗아갈 수 없는 것이다.

전쟁에서 일본이 패한 지금, 그동안 쌓아 왔던 독립을 위한 우리들의 노력도, 한 치 앞을 알 수 없는 나날을 한 가닥 희망과 신념으로 걸어 왔던 시간도, 이제 조국을 우리의 것으로 되찾아 와야 할 또 다른 과제 앞에서 그 빛을 더욱 발해야 할 때가 온 것이다.

1945년 9월 30일, 일요일, 사천성 중경

며칠째 내리던 비가 오늘은 더욱이나 다량으로 아침부터 쏟아진다. 퍽 서늘해서 좋다. 웬일인지 채소와 식료품 값이 매일 올라가고 있다. 무 한 근에 100원, 과자 한 근에 1,600원을 한다. 그러나 일용잡화는 전보다 값이 많이 떨어져 반값 내지 그 이하로 떨어져 매매가 되고 있다.

남경 방면에는 중경에 비해 물가가 어찌나 싼지 놀랄 정도라고 편지가 왔

아버지와 제시   어머니와 제니 (1945. 12. 29)

249

다. 우리도 속히 남경 방면으로 가게 될 듯싶기도 한데....

1945년 12월 25일, 사천성 중경

크리스마스 날이다. 중일전쟁이 일어난 후로 독립운동을 위해 이리저리 돌아다니며 살았기 때문에 교회도 유지하지 못했던 것이 사실이다. 그렇게 공백 상태로 있다가 한인 교회가 성립된 지 근 일 년 남짓이 되었다. 아버지는 한인 교회 장로로, 어머니는 우리 한인 교회 권사로 계셨다. 성탄 축하도 이번이 처음이고 마지막이라 중경, 토교, 남안 3구로 나누어 축하 예배를 보기로 했다.

그리고 오늘 우리 식구가 다니는 중경교회의 크리스마스 축하식이 성대히 거행됐다. 우리 제시 자매의 성탄 예물은 적지 않았다. 그만큼 기침을 콜록이는 두 애들의 기쁨도 적지 않았다

재중한인들의 기독교 모임, '재유 한인 기독교 연합회 임시위원회'

1910년대 기독교인들이 상해에 본격 진출하기 시작한 이후로, 상해 한인 교회는 중국 장로교회 예배당을 빌려서 사용하던 것을 시작으로 대한 교민단 사무소로, 또 삼일 예배당 등으로 옮겨 가며 임시 정부나 임시 의정원의 주요 인사들이 한인 교회의 주요 임원으로서 살림을 이끌어 나갔다. 이들 안창호, 김규식, 유동열, 신익희, 조소앙 등의 독실한 기독교 신자들은 상해 한인 교회를 단순히 종교적 의미로서가 아닌 교민 사회의 단결과 정치적 구심체로서의 역할을 하도록 만든다. 그리고 광복 후, 국내에서의 활동으로 이어지도록 틀을 공고히 하게 된다. 단체가 가지는 의의뿐 아니라, 활동으로서 돈을 걷어서 전방 군인들에게 보내고, 성경책(신약성서)도 출판하는 등 활발히 시도한다.

1945년 12월 31일, 사천성 중경

제2차 세계전쟁을 끝맺은 1945년은 오늘로 마지막 장을 넘기게 됐다. 유태경 선생 내외분과 옆방에 계신 임의택 선생, 그리고 우리, 이렇게 세 집 식구가 모여 식사를 하며 발표할 수 없는 감회에 각자 잠겨 있는 듯, 때로 엄숙한 표정도 보이곤 했다. 내일은 1946년 초하룻날! 우리에게 행복을 가져다주려는가?! 다사다난했던 지난날들, 사경(死境)을 헤매며 구사일생(九死一生)으로 살아남아 활동하던 나날들!

다시는 그러한 장면이 나타나지 않기를 바라는 것뿐이다. 세계전쟁을 끝맺은 1945년이여. 안녕!!

병술년(丙戌年), 1946년, 대한민국 28년

1946년 1월 5일, 토요일, 사천성 중경

음력으로 12월 3일, 날씨는 맑다. 음력 초 이삼 일에 비가 내리지 않으면 한 달 동안은 일기가 좋다고들 하는데, 이번 달엔 날씨나 좋아서 여행길에 곤란이나 없었으면 하고 바라고 있다. 우리 팀은 15일 전후해서 떠나게 되는 듯싶다.

약을 수십 여 종을 써도 애들 기침은 낫지 않는다. 요즘엔 초약(草藥)을 또 써 보고 있는 중인데. 의사의 말로는 이 지방을 떠나는 것이 가장 좋은 방법이라고 한다. 전지요양(轉地療養)이라니, 일주일 이내로 이곳을 떠나게 되려는지!?

그리던 조국으로

1946년 1월 16일, 수요일, 사천성 기강

두 달 동안이나 주선한 결과 오늘에야 귀국의 길에 오르게 됐다. 고향으로 가는 길에 오르는 장도(長途)의 버스를 타게 된 것이다. 영원한 귀향의 길이다.

오전 10시 20분에 우리가 탄 버스는 중경 시가를 떠나게 됐다. 7년 동안이나 운무 중에서 살던 사천성의 생활도, 특히 5년여를 보냈던 중경 생활도 오늘로 고별이다. 그야말로 시원섭섭하기 이를 데 없다. 하여간 귀국길에 올랐으니 기쁘다기보다 감개무량하다.

자동차 앞머리에 꽂힌 태극기도 그것을 아는지 유쾌하게 휘날리고 있다.

오후 5시 반에 우리가 5년 전 1년 7개월이나 정착하고 살던 기강에 도착했다. 기강에서 중경으로 향하던 나흘간의 배 여행, 양자강 회전수에 휘말려 죽을 뻔했던 그 길고 힘들었던 길을 버스를 타고 그저 반나절 걸려 이르렀다.

우선 초대소에 들어가서 편안히 잘 쉬었으나 거리 관계도 있고, 시간도 없어서 전에 묻어 주고 떠났던 선배들의 묘소를 찾지 못하는 것이 퍽 유감이다.

1946년 1월 17일, 목요일, 사천성 백마

아침 7시에 버스는 산골 길을 달리고 있다. 우리가 탄 차는 일행 중 제1비에 제1반 차이다. 버스 한 대에는 45명이 타고 있다. 고국으로 돌아가는 길은 1진, 2진 등으로 각기 날짜를 달리하여 신청을 받았다. 각자 중경에서의 생활이 정리되는 시기에 맞춰 떠나게 됐다.

김구 선생님을 비롯하여 가족이 없는 국무위원, 원로 선생님들은 먼저 비행기로 출발하셨다. 그리고 이제 가족들이 있는 임정 식구들은 버스로 움직이게 됐다. 모두들 고국에 돌아가고 싶은 마음은 한결같아 우리 앞에 놓인 여행길이 한달음에 끝나기만을 빌 뿐이다.

오늘 밤은 백마(白馬)라는 역(驛)에 와서 지내게 됐다. 오늘의 노정은 산골 길이라 좀 험했다.

1946년 1월 18일, 금요일, 사천성 팽수

오전 7시 반에 '백마역'을 떠나서 오후 4시에 '팽수(彭水)'라는 곳에 도착하여 밤을 지내게 됐다. 이곳에 어제 저녁에 도적떼가 몰려들어 승객이 타고 온 버스를 습격했다는 소식을 듣고 모두들 공포에 빠져 어찌할 바를 몰라 했다.

호랑이 굴에서도 정신만 바싹 차리면 살 수 있다는 말처럼 우선 자리를 바꿔 덩치가 있는 남자들이 창가에 둘러앉고 안으로 부인과 아이들이 탔다. 허리에 찼던 귀중품들을 어린애 기저귀 바구니와 기타 허술한 꾸러미에 넣기도 하며 만약의 수단들을 강구했다. 수많은 공습 속에서도 살아남았던 우리가 아니던가!

1946년 1월 19일, 토요일, 사천성 검강

오전 7시 반에 '팽수'를 떠나 '검강(黔江)'이란 곳에 도착하여 밤을 지내기로 했다. 어젯밤에는 요행히 편안하게 별일이 없었다. 그리고 무사히 이곳까지 왔다. 이곳까지가 '중경(重慶)'에서는 530공리*가 된다고 한다.

1946년 1월 20일, 일요일, 사천성 용담

오전 7시에 '검강'을 떠나 '용담역(龍譚驛)'에 도착했다. 오늘의 여정은 산길이 반이었고, 그 후부터는 버스가 평야로 달리기 시작했다. 흔들거리는 버스 여행에 애들이 힘들 텐데도 잘 참아 주는 것이 고맙다. 할머니, 할아버지를 만나러 가자는 말을 듣고는 자기들도 좋은지 아무 소리 없이 잘 따라 준다. 앞으로는 산로의 험악한 길은 거의 없고, 비교적 평탄한 노선으로 가게 된다고 한다.

평탄한 길! 이제 우리 앞에도 평탄한 길이 놓였다고 자신할 수 있을 때는 언제인가? 일본이 우리의 주권을 빼앗은 그날부터 조국을 되찾기 위한 조국으로부터의 탈출이 이어졌고, 그 조국을 바로 곁에서 바라보면서도 들어갈 수 없었고, 한 치 앞 내일을 알 수 없었던 생활이었다. 험난한 삶이라고 누군가 말한다면, 한 가지 희망을 가지고 있기에, 목표를 가지고 있었기에 험난한 줄 몰랐다고 말하고 싶다. 그리고 가

---

* 공리: 킬로미터(km)

장 우선해야 할 일이었기에, 마음속에 다른 선택이란 존재하지 않았기에 후회가 없었다. 그리고 이제 기대와는 다른 모습으로 목적지에 엉거주춤 오게 됐다. 아직 평화로운 조국의 모습은 아니다. 우리에게도 평탄한 여정이 펼쳐질 날이 오게 될 것인가.

오늘은 일요일, 고국을 향해 길을 떠난 지 만 4일째 되는 날이다.

1946년 1월 21일, 월요일, 성 소리

오전 7시 반에 '용담'을 떠난 차는 온종일 달리고 있다.

백 리마다 풍속이 바뀐다는 거대한 땅덩이, 중국의 모습이 눈앞에서 휙휙 지나가고 있다.

언젠가 다시 와서 지금의 이 시간을 추억하는 날이 올 것이다. 그때쯤이면 아이들은 중국의 기억이 거의 남아 있지 않을지도 모르겠다.

맨 처음 내가 중국 땅에 온 것은 아버지와 함께였다. 지금의 제시 아버지인 양대벽(대벽은 당시의 호. 소벽이라고도 했고, 중국 이름인 이춘강, 양묵 등 신변 보호를 위해 여러 가지 이름을 사용하고 있었다.)과 서울에서 한 번 만난 이후로, 편지 왕래를 계속해 왔던 나는 아버지에게 마음속의 신랑감을 선보이기 위해 중국 땅을 밟게 됐다.

당시 광주에 있었던 제시 아버지는 우리가 우선 홍콩에 들어가자 다른 독립운동 하는 동료들과 함께 숙소로 찾아왔다. 아버지와 내가 그들과 몇 차례 만나는 것을 지켜본 홍콩의 일본 경찰은 우리를 독립운동 하는 패거리와 접선하는 '불량선인(불량 조선인)'으로 분류하여 당장 중국에서 나가라는 명령을 내렸다. 당시 동경제대를 졸업하고, 고향에서 교편을 잡으셨던 아버지는 일어에 유창하고, 왜경(日警警察)들에게 당당했다. 우리는 여행을 왔으므로 끝까지 구경을 하고 돌아가겠다며 버텨 결국 상해와 만주를 거쳐 압록강에 이르기까지 일본군의 보호(?) 아래 무사히 중국 여행을 마치고 고향으로 돌아갈 수 있었다.

그 불량선인으로 낙인 찍혔던 처녀는 다시 중국으로 결혼을 하기 위해서 유학을 빙자해 들어왔고, 그 후 십 년 세월을 중국에서 보내게 된 것이다. 그리고 이제 그동안의 중국과의 인연을 정리하고, 고국에서의 새 생활을 시작하려고 한다.

오후 4시 반경에는 '소리역(所里驛)'에 도착하여 그 밤을 편히 지내었다. 중경에서 소리역까지는 891공리라고 한다. 조금씩 중경에서 멀어지고 있다. 그만큼 고향 땅과는 더 가까워지는 것이다.

1946년 1월 23일, 수요일, 도원

아침 7시 반에 '원릉역'을 떠나 오후 2시에 '도원역(桃源驛)'에 도착했다. 이곳은 일본군이 약 일 개월이나 점령하다가 투항했기 때문에 시가는 많이 신축되었다고 하나 아직 파괴된 곳이 많이 있다. 도로는 20여 공리나 전부 파괴되었던 것을 다시 만들고 있기 때문에 길이 퍽 험했다.

1946년 1월 24일, 목요일, 상덕

오늘부터는 수로로 여행하게 된다. 8일 동안의 육로 여행을 무사히 끝맺고, 오늘 아침 9시에 우선 목선을 타고 '도원'을 떠났다.

전체 일행 125명의 남녀노소는 오늘까지 아무런 곤란 없이 평안히 잘 온 모양이다. 중경시에서 떠날 때, 필요한 약품 등 필수품을 준비해 가지고 왔고, 의사 선생도 한 분이 동행되었기 때문에 별 사고는 없었던 것 같다. 오늘은 '상덕(尚德)'이라는 곳까지 와서 밤을 그곳에서 지냈다.

1946년 1월 25일, 금요일

오후서부터 비가 내리기 시작하더니 일기는 퍽 추워져 온다. '상덕'에서부터는 기선이 우리 목선을 끌고 가게 됐다. 이 기선은 일본인이 복무하고 있는, 전쟁이 끝나고 포로가 된 배였다. 배 안의 일본군과 맞닥뜨리게 되면, 사람들은 묘한 느낌을 갖는 듯하다. 일어를 잘하는 분들은 일본의 정세를 묻는 등 그들과 대화를 나누기도 하지만, 대부분은 무시하거나 동정하는 분위기다.

오후 5시쯤 해서야 작은 포구에 도착했는데, 여관이 없어서 많은 사람들이 배 안에서 밤을 지새었다.

1946년 1월 26일, 토요일, 성 원강

아침 6시 반경에 어제와 같이 일본 기선이 끌고 가는 목선을 타고 '동정호' 한복판을 가로지르게 되었다. 동정호는 옛날부터 알려진 중국의 큰 호수로, 번양호 다음가는 두 번째 크기의 호수일뿐더러 경치가 과연 가관이었다. 사방으로 수평선만 보일 뿐 육지는 보이지 않아 바다를 항해하는 기분이다.

이 호수를 지나오면서 몇 달 전까지도 일본인이 독점하고 오르내리던 광경이 눈앞에 선하게 보이는 듯 느껴진다. 오후 4시쯤 해서 '원강(沅江)'이라는 곳에 도착되었다.

1946년 1월 27일, 일요일, 팽림탄

오늘은 노정이 전날보다 멀기 때문에 아침 5시에 출발했다. 10시쯤 해서는 여울을 지나게 되므로 선객 다수가 배에서 내려 약 2리쯤 걸어가게 됐다. 어머니는 그저 제니와 같이 배 안에 계셨고, 제시와 같이 배에서 내려 걸어갔다가 돌아오는 길에 '피단(오리 알을 향료를 섞은 생석회로 두껍게 싸서 익힌 것)'을 사 가지고 왔다.

어머니는 그것으로 반찬을 한다고 주방에 나가 씻고 있었는데 박성렬 씨의 중국 부인이 잘못하여 끓고 있는 큰 물통을 넘어뜨려 어머니는 양쪽 두 다리에 화상을 심하게 입게 됐다. 그뿐만 아니라 넘어지면서 오른쪽 무릎을 어디엔가 부딪혀 큰 상처를 입게 됐다. 외상에 필요한 약품이 없어서 차엽(茶葉)으로 다리를 싸매고, 상처는 임의택 의사의 손으로 꿰매었다.

화상이 심하게 되어 손가락 하나 까딱할 수 없는 형편이므로 침상을 하나 사 가지고 누워 있게 되었다. 설상가상으로 하늘이 아득할 뿐이다.

오후 4시 반쯤 하여 예정대로 '팽림탄(澎林灘)'에 도착되었다. 그러나 불행히도 삼사 일 전에 전 촌락이 화재로 다 타 버리고 남은 잿더미 위에 아무렇게나 임시로 살 수 있게 몇 칸의 집이 있을 뿐이다.

1946년 1월 31일, 목요일, 악양

29, 30일은 폭우가 심하여 행선을 하지 못하고 오늘에서야 간신히 떠나서 '악양(岳陽)'에 도착했다. '악양루(岳陽樓)'를 구경하고, 당지에 두류(逗留)하는 우리 군인들도 우연히 거리에서 만나 보았다.

중일전쟁이 끝나고 중국군에 소속되어 있던 우리 군인들도 고향에 가기 위해 군대에서 나와 뿔뿔이 흩어져 다니고 있다고 한다. 군인뿐만 아니라 이제 일본군 부대 등에 있던 위안부들도 갈 길을 잃고 헤매게 될 것이다.

중일전쟁이 끝나기 전, 1945년 봄 무렵 당시 싱가포르 포로수용소로 옮겨졌었던 우리 동포 위안부들 십여 명이 중경 임시 정부에 왔었다. 당시 포로수용소 측에서 연락을 받은 임시 정부는 그들을 인계받아 보살피면서 애국부인회 회원들로 하여금 그들의 교육을 맡도록 했다. 임시 정부에 대해 설명해 주고, 황폐해진 이들에게 민족혼을 다시 불어넣는 정신소양 교육을 받던 이들, 아직 어린 그네들의 기구한 처지를 가까이서 볼 수 있었다.

이제 전쟁이 끝난 조국에선 그동안 흩어져 살던 가족들이 다시 모이게 될 것이다. 아니 그 와중에서 모이지 못하는 가족들도 있을 것이다.

이제 더 이상의 불행은 없게 되길 빈다.

1946년 2월 2일, 토요일, 한구

온 낮과 밤을 행선한 끝에 오늘, 이른 아침에서야 '한구, 천상공로마두'에 도착했다.

어머니는 몸을 움직일 수 없으므로 '정훈(鄭勳)'과 '박재희' 두 분 청년에게 업혀 양차(洋車)를 타려고 큰길까지 나와서는 교포가 살고 있는 '중산로 문서항 적도리 제1구 제5호'로 들어갔다. 처음에는 당지(當地) 한인교민회 의사인 김 씨의 치료를 받다가 후에 김종옥 의사의 정성 어린 치료를 받아 점점 상처는 회복되고 있는 중이다.

식사는 황해도 사리원에서 와서 한구에 살고 있는 이 씨댁에게 부탁했었는데 퍽 친절하게 잘 돌봐 주어서 마음 편히 지낼 수 있었다. 더욱이 감사하게도 특별한 대접을 많이 받고 지낸다. 한 동포라는 것은 한 가족과 같다는 걸 새삼 느끼게 된다. 비록 고달픈 타향살이지만, 우리는 같은 피를 나눈 한 형제였다.

1946년 2월 11일, 월요일, 한구

일주일이나 치료를 받은 결과, 많이 양호해졌다. 화상 입은 데와 다친 상처는 많이 좋아져서 속히 일어나게 될 것이라고 한다. 그리고 배가 준비되어 속히 떠나게 될 것이라 한다.

그동안 아버지는 한구에 살고 있는 교포들의 대접을 상당히 많이 받았을 뿐더러 반면에 좋고 사나운 경상을 많이 보았다고 하신다.

그동안은 임정을 따라다니며 피난살이에 바빴다. 그리고 전쟁이 끝났다. 이제 각지에서 모여든 교포들이 남았다. 전쟁 중에 사정상 임시 정부와 같이 다니지 못했던 중국 각지의 여러 교포들, 임정의 보호 아래서 생활비 등의 지원을 받으며 함께 피난 다녔던 임시 정부 호적을 가졌던 교포들, 그리고 임시 정부 요인들! 중국 땅에서 각기 다른 길을 살아갔던 한인 교포들이 함께 어울리며 중국 땅에 퍼져 있는 한인들의 삶을 돌아보게 된다.

전쟁 전에는 중국 기관에서 혹은 나름의 직업을 갖고 살던 교포들이 전쟁으로 삶의 기반을 잃고 어렵게 살았을 망정 일본을 공동의 적으로 중국인들과 어울려 살아 나갔다. 그러면서 같은 민족끼리 정을 나누는 따뜻함으로 살았다. 하지만 이런 이들이 있었던 반면, 아편 장사를 하거나 일본의 앞잡이가 되어서 첩자 노릇을 하고, 비록 재산은 많이 모았을 망정 중국인을 박해하면서 중국인들에게 한인에 대한 나쁜 감정을 심어 주었던 이들도 있었다.

이들이 이제 모두 고향에서, 아니면 이 중국 땅에서, 아니면 또 다른 제3국에서 달라진 삶에 적응해 나갈 것이다. 이들 모두 같은 시간 같은 장소인 중국에서 조국을 잃고 타향살이를 해 나가던 사람들이다. 자기에게 주어진 상황에서 최선의 선택을, 최선의 노력을 한 것이다.

1946년 2월 15일, 금요일, 황강현

'한구'에서 십여 일 동안 머물러 있게 된 것이 어머니를 위해서는 참말로 다행한 일이었다. 근 두 주일 동안이나 의사의 치료를 받을 수 있다는 것이 여행 중의 몸으로 쉬운 일은 아닐 것이다.

여러 날 만에 오늘 아침 9시경에 행리를 모두 배에 싣고 오후 3시경에 한구를 떠났다. 우리 일행 220여 명 외에 '한구'서 새로 올라탄 사람이 10여 명이 된다고 한다.

오후 5시경에 우리가 탄 기선은 '황강현양류(黃崗縣楊柳)'라는 포구에 기항하여 그곳에서 밤을 지내게 되었다.

1946년 2월 16일, 토요일, 구강

오전 6시에 '양류(楊柳)'를 떠나서 행선한 지 두세 시간 만에 모래 언덕에 배가 걸렸다.

한 시간 가량 노력해서 겨우 탈험(脫險)하여 행선한 결과, 저녁 7시쯤 해서 '구강(九江)'에 도착했다. 구강은 대전쟁을 치른 곳이나 시가의 파괴가 그리 심하지 않아 여전히 도자기점이 거리 좌우로 곳곳마다 깔려 있어서 관광객의 눈길을 끌었다. 구강 도자기는 세계적으로 유명하다고 한다. 특히, 오늘은 음력 정월 보름이라 형형색색으로 치장된 도시에 구경거리가 많았다.

1946년 2월 17일, 일요일, 양자강

아침 6시에 행선이 시작됐다. 잔잔한 양자강 물결! 또 좌우 언덕의 절승한 경치는 볼 만한 것이 많았다. 그중에서 특히 '독두산'이라는 아름다운 경치, 미묘한 건축물을 흠모하면서 구경했다. 오랜만에 어머니도 침상에서 내려오셔서 구경을 했다.

언제 다시 오게 될까? 이 중국의 광활하고 다양한 얼굴을 맞닥뜨리니 이 중국 땅에 이전과 다른 잔잔한 애정이 느껴진다. 지난 시간 동안 의식하지 못했던 친근감이요, 애잔한 향수 같은 느낌이다.

1946년 2월 18일, 월요일, 남경

오후 6시경에 '남경(南京) 하관초상국 제1마두(下關招商局 第一馬豆, 마두: 항구)'에 도착했다. 배가 기항하자 각기 임무를 가지고 등륙했다. 임무를 가지지 않은 노쇠한 승객들은 사오 인씩 반으로 나누어 '하관' 시가를 구경하고 돌아다니다 밤늦게 돌아왔다. 몸을 움직이기 힘든 엄마는 배에 남아 있어야 했다.

나가 있는 동안 엄마의 외조카 문덕영 군이 찾아와서 본국 친척들과 부모님과 동생들의 소식을 잘 들으셨다고 하신다. 모두들 그만하시단다. 곧 보게 될 가족 생각에 엄마는 잠을 못 이루시는 것 같다. 문 군은 어머니의 맏외삼촌의 맏손자다. 만나지 못하고, 소식조차 들을 수 없었던 가족을 이제야 만나게 되고 소식을 듣게 되나 보다. 가족에 대한 그리움이 더욱 짙어진다.

1946년 2월 19일, 화요일, 상해

오후 2시에 경호급행차 중에 보차(保車) 두 칸을 준비해 주어서 평안히 밤 11시에 상해상점(上海上店)에 도착했다.

대한민국 임시 정부가 탄생하고 그 뿌리를 내렸던 도시. 중일전쟁이 일어나고 임시 정부의 방랑의 세월 속에서 광주로 가 있던 우리 부부가 다시 임정 본부로 합류한 것은 임시 정부가 중일전쟁으로 인해, '항주', '진강'에 이어 '소주', '남경', '한구'를 거쳐 '장사'로 피난했을 때였다. 그리고 오늘 다시 상해에 돌아온 것이다.

그러나 그 상해! 먼저 온 일행들이 잘못 전달하는 바람에 아무도 정거장에 나오지 않았다. 오랜만에 돌아온 상해였지만, 부득이 정거장 안에서 밤을 지낼 수밖에 없었다.

어두운 상해, 아직은 그때 그 모습인지 구분이 가지 않는다.

1946년 2월 20일, 수요일, 상해

아침 6시쯤 해서 상해교민단 단장 '선우혁' 동지가 먼저 정거장에 나와서 아침 첫차로 오는 우리를 맞이하러 나왔다. 뜻밖에 벌써 와 있는 우리들을 보고 미안해하며 반가이 우리를 맞았다.

10년 만에 다시 밟게 되는 상해 북정거장도 감회무량하지만 멀리 떨어져 있던 동지와 동포들을 만날 때 그 감회는 형언할 수가 없는 것이었다. 아침 9시쯤 해서 우선 '홍강지로 길상리 15호(虹江支路 吉祥里 15)'에 있는 한국 기독교회로 200여 명의 우리 일행이 들어갔다.

오후 3시나 되어서야 교회에서 대접하는 맛나는 오찬을 먹었다. 우리 집 식구는 요행으로 '이두성 씨(안창호 선생 처남)'의 초대로 누구보다도 먼저 이 선생을 따라 그 댁으로 가서 평안히 지내게 되었다. 그분이 살고 계시는 집은 이 층 양옥으로 아래층 큰방 하나를 내어 주셨다. 이 선생님은 식구들이 많았는데도 불구하고, 큰 친절을 베풀어 주셨다. 그 댁 식구는 아들 둘, 딸 둘 합해서 여섯 분이었다. 자제들의 이름은 아들 태호, 준호, 딸인 상호, 신호, 이렇게 4남매다.

1946년 2월 21일, 목요일, 상해

지난밤은 편히 잘 자고 가벼운 마음으로 일어났다. 무엇보다도 그리운 이들을 만나는 반가움과 또한 오래간만에 마시는 커피가 더욱이나 즐거웠다.

중일전쟁 전의 상해는 커피 향과 같은 서양 문물의 향기가 가득한 곳이었다. 프랑스 법조계와 독일, 러시아, 영국, 미국 등의 조계, 그리고 각 나라의 공동 조계 등 세계 여러 나라 사람들이 자기 나라와 똑같이 살 수 있도록 상권이 발달되어 있고, 시설이 구비되어 있는 여러 조차지로 분할되어 있었다. 따라서 조차지에서는 건물이나 분위기, 거주하는 사람들 모두 영락없는 외국에 와 있는 느낌이었다. 그 중에서도 프랑스 법조계가 시설도 가장 좋았고, 자유를 사랑하는 나라답게 망명객들에게도 가장 호의적이었다.

조선에서 온 이나 다른 나라에서 정치적 망명을 한 망명객이 다른 조차지에 숨어 있으면 곧 붙들려 가기도 했지만, 프랑스 조계에서만은 안전했다. 끌려간다고 해도, 프랑스 정부가 항의를 하는 바람에 다시 풀려나올 수 있었다. 그렇게 각 나라 민족이 어울려 이국적인 분위기를 내던 도시가 바로 상해였다. 점심을 먹은 후, 민단과 교회당엘 찾아갔다. 여러 전날 친구들과 새로 만나는 친구들과의 대화에 분주했는데, 이곳 교포의 생활 상태는 퍽 곤란한 것 같고, 생활 여유가 있는 이는 극소수인 듯싶다. 각처에서 몰려든 난민 수용이 가장 문제인 듯하다. 모든 정상(情狀)이 참혹할 뿐이다.

1946년 4월 24일, 상해

2개월하고 4일의 상해 생활은 오늘로서 끝나는 모양이다. 비상한 감회가 태산 같고 하해 같아서 설필(說筆)로 다 발표할 수 없다.

천지 대자연도 이에 동정함인지 어제 저녁 늦게부터 내리기 시작한 모처럼의 비는 오늘 아침 5시에도 그저 내리고 있다. 비를 맞으며 예약했던 트럭을 기다리고 서 있으려니 빗방울은 더욱 굵게 내리고, 차는 오지 않아 그야말로 울화가 치미는 느낌이었다.

'아무리 사람이 약한 존재라 하지만 상고 시대가 아닌 바에야 비가 온다고 결정했던 출발을 정지할 수야 있겠는가!

아침 8시가 지나서야 트럭이 와서 세 시간 동안이나 비를 맞으며 기다렸던 행리를 싣고, '강만 전시정부'로 속력을 내어 달려갔다. 강만 전시정부에 도착하자, 여기서는 검사를 받아야 된다고 해서 비 맞으며 검사 받기를 기다리고 서 있었다. 검사는 하는 척만 하는 것이다.

오후가 되어서야 오송구(吳松口)의 배가 있는 곳으로 나와서 결국 상선하기는 오후 6시가 지나서야 시작했다.

1946년 4월 25일, 상해

어찌나 피곤했던지 젖은 옷을 입은 대로 한밤을 곤히 자고 일어나니

25일 아침이었다. 하지만 25일은 행선하지 않는다는 것이다.

이렇게도 고국 땅 밟기가 힘이 드는 모양이다. 어제 아침 5시부터 온종일 비를 맞으며 부모를 따라다니던 어린애들이 애처롭고 가엽기 그지없다. 고생스런 시절을 지내고 있는 이 아이들이 어른이 된 다음에 중국 생활의 의미를 어떻게 지니게 될까? 이 아이들이 자신의 신념을 위해서라면 어떤 고생도 마다하지 않는 강인한 정신을 갖게 되길 바란다. 그것이 결코 달콤한 열매를 맺지 않는다 하더라도 자신에게 부끄럽지 않은 삶, 자신에게 정직하고 충실한 삶을 살아 낸다는 것이 중요하다는 것을 알게 되길 바란다.

1946년 4월 26일

아침에서야 배가 항해하기 시작했다. 우리 조국, 조선 땅으로 가는 배다.

며칠 후면, 그동안 그리던 산하(山河)와 가족들을 볼 수 있다. 모든 것이 다시 시작되는 것이다.

우리 몸이 실린 곳은 큰 배인 LST로 Clnatan Clay였다. 제2호 아래층 층계 뒷자리에 우리 네 식구가 몸을 의지하게 됐다. 일기는 맑고 바다는 잔잔하여 온종일 편안히 잘 왔다. 27일에도 일기는 계속 맑고, 풍랑이 없어서 배는 잘 항해하고 있었다. 하늘도 우리의 귀환을 축복해 주는 것 같다.

1946년 4월 29일, 부산

별 사고 없이 항해는 계속됐다.

28일 이른 아침에 멀리 제주도가 보였다. 제주도의 풍경과 한라산을 바라보니 감개무량했다. 이제 고국의 바다를 향하고 있구나 생각하니 흘러내리는 눈물을 억제할 수 없었다. 크고 작은 섬들을 지나 29일 부산 앞바다에 도착되었다.

삼천삼백여 명이나 되는 전체 선객들은 모두 고국 산천을 바라보며 반가워했다. 감격스런 순간이었다. 그러나 중국 태생인 우리 애들은 별로 기뻐하는 표정이 없었으나 엄마 아빠가 내 나라 땅에 왔다니 좋아하고 있다.

연락원들이 이삼 차례 내왕하더니 전염병이 염려라 해서 상해에서 떠난 지 7일 후에야 상륙 수속을 끝내고 상륙한다고 한다. 그날을 기다리고 있다. 마음은 초조하였다.

이제 새로운 생활이 시작된다. 모든 것이 제자리로 돌아갈 때까지 얼마간 시간은 걸릴 것이다. 서구 문명에 깨어 있었던 중국에 비해 어쩌면 불편한 점이 많을지도 모른다. 하지만 이곳은 우리의 조국이다. 일본이 물러간 우리의 땅이다. 이제 그 땅을 지키는 일이 남아 있다.

외국에서의 긴 방랑 생활을 이제 마무리 지으려 한다. 힘들게 걸어온 지난 시간들이, 낯선 땅에 묻혀져야 했던 선배와 동지들이 이날을 얼마나 손꼽아 기다렸던가! 이제 새로운 조국의 미래를 만드는 일에 전념해야 한다. 낯선 땅, 어디서고 조국을 잊지 않았던 우리가 과거의 조국을 찾기 위한 투쟁이 아닌, 새로운 조국을 만들기 위해 일해야 할 때인 것이다.

못다한 이야기

그후 이야기

1946년 5월 4일

2일 아침 10시쯤 해서 부산항에 상륙하여 난민수용소로 들어가 이틀 밤을 지냈다. 그리고 행리를 찾아 가지고 기차를 타고 경성으로 향했다.

지난 2월 중순에 남경서 상해를 향해 떠나올 때, 화차를 타려고 수많은 군중이 차를 타기 위해 화차 꼭대기에 올라타고 오는 광경을 보고 놀랐더니 본국의 현상도 역시 마찬가지였다.

드디어 기차에 올라타고 그리던 서울로 향한 것이다.

1946년 5월 5일

새벽 때쯤 해서 공간을 얻어 누워서 잠이 들었는데 기차 문을 두드리는 소리가 요란하여 일어나서 문을 여니 양소벽 찾으시는 분이 몇 분 계시다고 한다. 일어나 눈을 비비고 보니 '누님.' 하며 부르며 팔을 벌리는 두 남동생! 11년이란 세월에 피차 많이 달라졌으나 모습만은 여전하다. '형님, 지금서야 오셨습니까?' 하고 공손히 절하는 제시 삼촌!

고장이 생겨 용산역에서 머무르고 있는 기차를 알아본 결과, 한두 시간 후에야 떠난다고 하니 지금 이곳서 내리는 것이 좋다고 하여 용산역에 내려서 전차를 타고 남산공원 밑 '소복 여관'으로 인도되어 갔다. '소복 여관'은 큰 여관이지만, 욕실이 고장이 나서 사용을 못 한다는 것이다. 할 수 없이 큰외삼촌 댁으로 가서 전 식구가 머리를 감고 목욕을 한 후, 아버지께서는 다시 여관으로 가시고 세 모녀는 아저씨 댁에 머물러 있게 됐다. 첫째 외숙은 흥국, 둘째 외숙은 흥조다.

1946년 5월 27일, 수요일

제시는 남산 국민학교에 입학을 시키고, 한미 호텔(충무로 2가에 위치한 사오 층 건물로, 임시 정부 요인들이 유숙하고 계셨다.)에 아버지와 같이 유숙하면서 학교엘 다니기로 했다. 한미 호텔 방이 얻어질 때까지 어머니는 제니를 데리고 태평로 큰외삼촌 댁에 임시로 계실 것이다.

1946년 6월 2일

며칠 전 장티푸스 예방 주사를 맞고 엄마와 아빠가 모두 하루 앓았는데 오늘은 전 식구가 호열자 예방 주사를 맞았다. 제시는 매일같이 재미있어하며 학교엘 다니고, 제니는 집에서 잘 놀고 있다.

1946년 6월 27일, 목요일

지난 20일부터 내리는 비가 계속되고 있는데 남쪽 지방엔 수재가 심한 모양이다. 어머니께서는 지난 6월 12일부터 경성의전 부속 병원에 X-Ray 치료를 다니시는데 요즘 연일 내리는 비 때문에 치료를 못 받으시고 답답한 대로 작년 이후로 보관해 둔 신문을 보시는 것으로 날을 보내시는 모양이다. 십여 일 전쯤 해서 황해도 해주서 삼팔선을 모험해 넘어온 엄마의 셋째 외삼촌 홍두 아저씨가 오셔서 외할머니와 할아버지 소식을 잘 들어 알게 되었고, 친척 소식도 대강 들어 알게 되었다. 아이들을 데리고 곧 뵈러 가야 할 텐데….

오늘에 하는 말

제시의 어머니, 최선화 여사의 회고를 정리함

1999년 4월 19일, 대한민국 경기도 분당

이제는 손주들에게 하는 옛날이야기의 한 가지 소재가 되어 버린 그 시절 우리나라의 독립을 바라던 시간들….

먼저 내 얘기를 소중하게 읽고 들어 준 내 손주, 현주에게 고마움을 전한다.

나 또한 그 시간들을 다시 이야기하며 즐거운 마음이 되었다. 지치고 힘겨웠던 기억이라기보다 소중하고 흥미 있는 이야깃거리가 되어 버린 그 시절 이야기를 기억하고 이야기하면서 마음은 어느새 그 시절로 되돌아갔다.

그 시절 함께했던 사람들, 하지만 이제는 그 시절을 함께 나눌 사람마저도 찾을 수 없다.

나도 어느새 기억이 가물거리고, 눈앞이 침침하고, 다리, 허리가 아파 오는 것이 그 옛날 내가 봤던 노인들처럼 되어 가고 있다. 남은 건 그나마 내 머릿속에 남은 자꾸 흐려져 가는 기억들이고, 전해 줄 건 그

제니의 졸업식에서 찍은 세 모녀의 사진 (최선화, 제니, 제시)

시절 이야기뿐이 되어 버렸다. 그저 최선을 다하고, 하루하루 내 앞에 놓인 과제들을 열심히 해결하려고 했으며, 그토록 바라던 독립을 이루기 위해서 살았던 그 시절을 남겨 둘 수 있어 기쁘다.

일본군을 피해 중국 여기저기를 다니면서 어느 대나무 밭 근처에 우리를 실은 배가 멈췄던 기억이 난다. 배 여행의 지루함을 달래기 위해 우리는 근처 대나무 밭에 가서 대나무를 꺾어 왔다. 그 대를 칼로 깎아 대바늘을 만들고, 사십여 일이 넘는 긴 여행길 동안 뜨개질을 시작했다. 저마다 배 구석구석에 모여 앉아 대바늘로 뜨개질을 하던 아낙들, 그들과 나눴던 담소가 지금도 생생하다. 그 후, 우리는 중국 생활이 끝나는 날까지 틈이 날 때마다 뜨개질을 하곤 했다. 그네들과 함께 언제 끝날지 모르는 객지 생활에서 끝없이 해 나가던 뜨개질.

이제 나만이 남아서 언제 끝날지 모르는 인생을 뜨개질하고 있다. 일본이 망했다는 소식을 듣고, 순간 가슴이 답답해 오고 정신이 아득해지는 경험을 했다.

내 인생에서 잊을 수 없는 그 순간처럼 언젠가 이 생의 뜨개질을 마지막으로 마무리할 때, 나는 다시 그런 경험을 하게 될지 모른다. 그리고 그 시간이 지나면 나는 다시 솟아오르는 기쁨을 맛볼 것으로 믿는다.

그것은 먼저 간 제시 아버지에게, 함께 살았던 사람들에게 내가 해야 할 일을 하고 간다는 안도감이 있기 때문이다.

아버지와 어머니,
그리고 언니를 그리며

20년 만에 〈제시의 일기〉를 재출판하게 되었다는 소식을 접하고 기뻤다. 우리 가족들에게 더없이 귀중한 일기가 한 세기 지난 오늘, 후세에게 소중히 생각되고 읽힌다는 것이 감사하다.

나는 제시의 동생 제니이며 이 책에 등장하는 인물 중 유일한 생존자이다.

부모님이 귀중히 간직하시며 피난길에도 지니고 다니셨던 아버지의 낡은 가죽 가방 안에 여러 서류들과 함께 일기 책이 있었다. 어릴 적엔 일기장 내용에는 관심이 없었고 몇 장 안 되는 우리들의 어릴 적 사진을 보는 게 기쁨이었다.

1999년, 조카 김현주가 정리하여 책으로 나왔을 때 비로소 꼼꼼히 읽고, 우리의 상상을 초월하는 암담하고 힘든 시간들을 후손들에게 '독립된 조국'을 넘겨 주겠다는 일념으로 일신의 행복을 멀리하고 가시밭길을 스스로 선택하셨던 두 분께 존경심과 연민을 느꼈다.

성장한 제시, 제니 자매 사진

내 기억 속의 아버지는 외유내강, 어머니는 외강내유의 모습을 가지
셨다. 아버지는 잔잔하게 미소 띤 모습으로 남에게 싫은 말씀 하지 않
는 분이었지만, 내면에는 강골 기질을 가지고 계셨다. 한국전쟁이 끝난
후, 아직 사회가 혼란할 때 상이군인들 중에는 집집마다 다니면서 돈을
달라고 의족 의수를 휘두르며 협박하는 경우가 있었다. 아버지는 그들
에게 스스로 노력해서 살아갈 길을 찾으라고 꾸중하시던 분이셨다.

어머니는 귀국 이후, 대수술도 받으시고 건강이 안 좋아 어린 자매
가 엄마 없이 남겨질 것을 염려하시어 우리를 무슨 일이든지 자력으로
하도록 가르치셨다. 초등학교에 입학하던 7살 때부터 집 안 청소를 했
던 기억이 난다. 바른 교육관을 가지고 훈육하셨던 책임감이 투철하면

1960년 집 앞에서 찍은 양우조, 최선화 부부 사진

서도 자애로운 '만능 엄마'였다. 뜨개질을 잘하셔서 우리들 옷을 손수 만들어 입히셨고, 엄마가 해 주시던 음식은 전부 꿀맛이었다.

한국전쟁이 끝난 1953년, 피난지 부산에서 서울로 돌아오게 되어 우리 가족은 안암동 개운사 입구에 텃밭이 있는 자그마하지만 아담한 '우리 집'을 가지게 되었다. 아버지는 화초도 심고, 텃밭에는 각종 채소와 딸기 등도 가꾸셨다.

이 집에서 나는 중·고등학교를 다녔다. 이제서야 꿈에도 그리시던 독립된 내 나라에서 가족들과 단란한 시간을 보내게 된 것이다. 우리

네 식구는 저녁에 모여 card play를 하거나 정초에는 윷놀이를 하면서 즐거운 시간을 보냈었다. 60년 전 일이다.

　젊은 시절의 두 분 사진을 보면 옛 분들 같지 않은 세련되신 잘 어울리는 부부라 생각이 든다. 시대를 잘못 만나서 너무 고생을 많이 하신 것이 가슴 아프다.

　추운 날, 꽁꽁 언 손발로 집에 돌아오면 따스한 두 손으로 언 손을 비벼 주시던 아버지의 그 따스하던 손길이 지금도 느껴진다.

2018. 12.

서울에서 둘째 딸 양제경(제니)

역사는 이어진다

제시의 딸, 김현주

지난 삼 개월은 내 인생에서 잊을 수 없는 시간이었다. 내 아이가 다니는 고등학교가 속한 교육구의 수만 명의 사람들에게 내 이름을 알리고, 찾아다니며 내 소개를 하고, 인사하며 지지를 부탁했다. 친절하게 답하는 사람, 관심 없다며 문닫는 사람, 현안에 대한 내 의견을 꼬치꼬치 묻는 사람….

2018년 미국 중간선거의 지역구 교육위원 선거에 출마한 후의 내 여정은 하루하루 용기와 인내심이 필요한 시간이었다. 그 여정에서 내게 큰 힘을 준 가족과 동료, 지역 한인분들은 나를 앞으로 나갈 수 있도록 해 준 원동력이 되었다. 그리고 늘 마음속에 함께했던 세 사람이 있었다. 얼굴을 볼 수도 목소리를 들을 수도 없었지만, 나는 이 세 사람의 인생이 남기고 간 결실이고 싶었다.

외할아버지와 외할머니 그리고 내 어머니, 이 세 분은 내게 각기 다른 모습으로 간직되고 있다. 1916년 열아홉의 나이로 중국을 거쳐 미국으로 건너온 할아버지는 미국의 초등학교에 입학하여 십 년 만에 대학 교육까지 마치는 도전하는 삶의 모습을, 늘 정리하고 계획하고 기록했던 할머니는 매사에 철저하게 준비하고 노력하는 삶의 모습을, 그리고 내 어머니는 만나는 사람들에게 한결같이 자상하고 친절하게 대하며 타인을 배려하는 모습을 남겨 주셨다.

1999년, 일기를 출간한 후, 미국에 온 나는 나의 두 아이들에게 그 옛날 할머니가 그랬듯이 한국어와 한국 문화를 가르치기 위해 학교에 갈 나이가 되자마자 '주말 한국 학교'에 보냈다. 미국에서 자라더라도 한국인으로서의 문화적 정체성, 그리고 자부심을 가지도록 하고 싶었다.

그러던 중, 한인 교포 아이들이 한국에 대한 역사를 잘 알지 못해 미국 학교에서 왜곡된 한국 역사를 다룬 '요코 이야기'라는 책으로 수업받으며 괴로워한다는 기사를 접했다. 일제시대 말엽, 해방된 한국에서 고국으로 돌아가는 일본인에게 갖은 시련을 주는 책 속의 한인들에 대한 묘사 때문이었다. 나쁜 사람들로 묘사되는 조상들이 부끄러운 이유는 한인 학생들이 그것이 잘못된 내용이라는 것을 모르기 때문이기에 아이들이 다니는 한국 학교에 찾아가 한국의 역사를 가르쳐 달라고 부탁했다. 이를 돕기 위해 다른 학부모들과 '한국 역사·문화 교육위원회'를 만들어 한국 학교에서 역사 수업을 할 수 있도록 자료를 제공했다. 내가 사는 지역의 공립 중학교에서도 그 교과서로 수업을 하고 있다는 제보를 받고, 한국 학교 선생님들과 함께 교육구에 찾아가 교과서를 퇴출해 줄 것을 요청했다. 교육구에서는 이 책을 교재로 사용할 경우, 일제시대 한국에서 있었던 일에 대해서도 함께 가르칠 것을 의

무시하는 조례를 만들었고, 그 작업에 감수자로 참여했다.

그리고 학생들에게 한국의 역사·문화를 가르치기 위해서 한국 학교 교사로 일하면서 '북가주한국학교협의회' 소속 한국 학교 선생님들과 함께 캘리포니아 주 교육청에 이 교과서를 퇴출해 줄 것을 요청하는 서명 운동을 벌였다. 캘리포니아 전역의 많은 한인들이 참여했고, 그 결과 추천 도서에서 빠지게 되었다. 모두 힘을 모아 조직적으로 노력했기에 가능한 일이었다.

그 후, '북가주한국학교협의회' 소속 선생님들과 한국 학교에서 역사를 가르치는 교재를 공동 집필하는 일을 하면서 우리는 '독립운동'을 한다고 이야기하곤 했다. 오늘날의 독립운동이 바로 '다음 세대들을 위한 역사 교육'이라고 생각했다.

미국 학교에서도 한국을 가르칠 수 있도록 내가 일하는 실리콘밸리 한국학교의 학부모님들과 선생님들과 함께 힘을 합해 지역 미국 학교에서 한국의 역사·문화를 가르칠 수 있도록 미국 선생님들을 위한 한국 역사·문화 세미나를 개최하고, 수업에서 사용할 수 있는 자료를 제공했다.

그리고 그 경험은 미국 공립학교 교육구의 교육위원(school board member)으로 출마해서 공립학교 교육 정책을 결정하는 일을 도전하게 이끌었다. 이 모든 것이 이십여 년 전 〈제시의 일기〉를 만났기에 일어난 일이었다고 생각한다. 내 인생을 변화시킨 〈제시의 일기〉.

나는 이 일기를 통해 다음 세대를 위해 힘을 합해 온갖 어려움을 이겨 나간 '임시 정부'라는 공동체의 힘을 보았다. 그리고 그 힘과 정신을 나는 오늘날에 이어 가고 싶다.

이 일기를 만나는 우리들은 자신의 인생에서 각기 다른 모습으로 백년 전 임시 정부 요인분들의 정신을 이어 가기를 소망해 본다. 우리의 역사는 이렇게 이어져 갈 것이다.

일기에 등장한 사람들에 대하여
할머니의 기억을 더듬어
(인물 옆의 날짜는 인물이 처음 등장하는 일기의 날짜)

* 이시영 선생 (1938. 8. 30)

찬찬하고 점잖은 분이다. 법관 출신으로, 한교들 중에 탈이 난 이가 생기면 이시영 선생에게 가서 약 처방을 받곤 했다. 그 약 처방을 가지고 중국 약방에 가면 틀림없는 약을 지을 수 있었다. 그러한 약 처방은 그분의 한학에 대한 지식으로부터 나오는 것이었고, 전주 이 씨 양반의 자손이라는 위엄과 박식함으로, 한교들에게 가정의 병고와 대소사를 챙겨 주시는 친정아버지 같은 역할을 해 주셨다.

* 조성환 (1938. 11. 30)

그 당시 국무위원 중 한 사람이었다. 즉, 임시 정부의 원로 요인으로 군 출신이었고, 중국인 부인을 두었는데, 슬하에 자식이 없었다고 한다.

당시 우리의 독립운동은 '만주 지방'과 '중국 관내'로 나눌 수 있었는데, 조성환 선생은 만주에서 독립운동을 하던 이였다.

* 민필호(1938. 12. 5)

한독당 당원으로 딸 다섯에 아들 하나, 슬하에 육 남매를 두셨다. 중국에서 오랫동안 있었던 중국통으로, 중국 기관에서 일하며 임정에 도움을 주었었다.

* 민영구 (1938. 12. 5)

민필호 선생님과는 조카와 작은 아버지 사이이다.

어릴 적부터 중국에 들어와 선장 출신으로 중국군을 위해 일하기도 했었다. 부모님이 모두 상해에서 돌아가셨는데 나와는 나이 차이가 났지만 연배가 비슷해서 장난을 많이 치며 지내던 분이다. 유주 시절, 이웃에 살아서 늘 함께 방공호에 들어가곤 했는데 겁이 많은 편이라 반공 사이렌이 나면, 늘 눈이 휘둥그레지던 모습이 지금도 보이는 듯하다.

* 성엄 김의한 (1939. 4. 6)

한독당과 광복군 총사령부에서 일했다. 성격이 빠릿빠릿하고 강직한 분이셨는데 할 아버지와는 비슷한 연배로 임시 정부를 구성하는 장년층 인사였다.

* 정정화 (1939. 4. 6)

마르고 작았지만 잔잔하고 영리한 부인이었다. 바느질도 잘하고 부지런했던 그녀는 임정 요인들의 식사 시중들기 등 임시 정부 초창기부터 물심양면으로 임시 정부 요인 들의 뒷바라지에 열심이었다. 착실하고 행동이 빨랐던 그녀는 후에 중경의 우익 인사 들 즉, 민족 진영 쪽 부인들로 구성된 애국부인회 훈련부장을 지냈다.

* 권일중 (1941. 2. 8)

미국 하버드 대학교에서 박사 학위까지 받은 유학생. 들은 바에 의하면 진보적인 사회 주의자였던 관계로 미국에서 추방당하고, 홍콩으로 들어와 인편을 통해 임시 정부에 참여해 일하고 싶다는 의사를 전달해 왔었다. 당시 광주에서 임시 정부 일을 하던 할 아버지는 그의 배경을 조사하는 일을 맡아 그를 면접하고, 임정에서 일해도 괜찮겠다 는 보고를 내리게 되어 이후, 함께 임정에서 활동하게 되었었다.

* 우천 조완구 (1940. 4. 27)

중국 문학에 능통하여 중국 법률 등의 연구가 깊으신 분이다. 카랑카랑한 성격에 톡 쏘는 직설적인 말씀을 잘 하시던 분이다. 분명하고 강직한 성격을 가지고 계셨다.

* 동암 차리석 (1939. 4. 25)

임시 정부의 비서장으로, 임시 정부의 모든 서류를 총괄했던 분이다. 귀국 시에도 이 분이 임시 정부 관련 모든 서류를 가지고 오시기도 했다. 그만큼 깐깐하고 꼼꼼한 성격을 가지고 계셨다. 당시 결혼한 부인과의 사이에 '영조'라는 아들이 있었다. '영조'는 국가보훈처 일을 맡아 보았고, 귀국 후에도 연락을 하곤 했다.

* 심광식 (1939. 4. 25)

지청천 장군의 사위로, 광복군에서 일하던 청년 당원이었다. 지청천 징군의 맏딸하고 결혼해서 아들 둘을 낳고 지냈었다. 선한 분이어서 남을 많이 배려하던 마음 씀씀이가 생각난다. 얌전하고 착실하다. 중경에서 우리와 조소앙 선생 집과 지청 천 선생댁과 같이 한 집에 살았었다.

* 현종화 모자(母子) (1939. 4. 30)

현종화는 만주에서 독립군 활동을 하다 죽은 현묵관 씨의 아들이다. 임정의 장사 시절 만주 사람들이 일본군의 핍박을 피해서 임시 정부를 찾아 내려왔을 때, 어린 종화를 데리고 현묵관 씨의 부인은 임정에 합류했다. 부인의 이름은 방순이로, 북만주에서부터 와서 그런지 러시아 춤도 잘 췄다. 종화는 제시보다 두 살이 위였다.

* 조소앙 선생 (1939. 5. 3)

점잖은 분이었다. 키가 크고 몸집이 컸으며, 체통이 크고 너그러운 분이었다. 융통성이 있고, 원만한 성격에 부드러운 분이셨다.

그리고 모든 일에 능란한 분이었다. 언변도 유창했는데, 그래서 독립당 당헌과 임정 이름으로 발표하는 각종 선언문의 글을 도맡아 쓰셨다. 가정적으로는 아들 둘, 딸 하나에 부모님을 모시고 대가족 살림을 하고 있었다.

* 홍만호 선생 (1939. 5. 3)

임시 정부의 국회의장을 역임했다. 국내에서는 한때 일본 정부가 지정한 변호사로 활동했던 분이었는데 독립운동에 투신하게 됐다. 키가 크고 바짝 마른 외모대로 꼬장꼬장하고 칼칼한 분이었다. 매사에 정확하고 정직하며, 직선적이고 명랑한 성격의 선생은 가족이 없어서 가끔씩 조소앙 선생 댁과 우리와 함께 식사를 하기도 했는데, 개울에 나가서 자라를 두어 마리 잡아서는 피를 빼서 우리 가족에게 주곤 하셨다.

* 김구 선생 (할머니가 생각해 낸 그 시절 이야기)

키도 크고 과묵하고 체통이 큰 분이셨다. 화를 내면 무서우셨지만 아이들하고 잘 노셨고, 또 아이들을 무척이나 좋아하셨다. 제시 또한 많이도 예뻐해 주셨는데 임정에서 태어난 아기라고 무릎 위에 앉혀 놓고 노시곤 하며 제시에게 키스 세례도 많이 주셨다.

아기 엄마인 나까지도 한 달에 한 번씩 데리고 나가 좋은 음식을 사 주시곤 했다.

또, 한 가지 기억에 남는 것은 그 괄괄하고 풍채 좋은 선생이 어머니에게만은 쩔쩔매셨던 점인데, 밤 12시가 넘어서 귀가하게 되면 꼭 종아리를 맞았고, 혹 주무셨을까 문안 인사를 드리지 않고 잠자리에 들면 다음 날 또, 종아리를 맞던 모습이었다. 김구 선생님과 그분 어머니의 관계는 후대에 알려진 것만큼이나 임시 정부 안에서는 유명한 것이었다.

* 임의택 씨 (1943. 9. 28)

평양의전을 졸업했다고 들었다. 만주에 가서 의사 생활을 했으며 사천성에서도 개업을 했었다. 외과 시술에 능했었는데, 당시 할머니의 눈에 지방이 뭉치는 비지가 생겼을 때, 임의택 씨의 외과술로 말끔히 처리하곤 했다. 수의사였다는 소문도 있었지만, 중국 시절 우리 한교들의 질병을 많이 고쳐 준 고마운 분이었다.

* 이동녕 선생 (1940. 3. 14)

맑고 꼬장꼬장하시던 분이셨다.

* 조시원 선생 (1940. 9. 4)

조소앙 선생의 남동생으로, 딸 하나에 세 식구였다. 불행히도 하나 있던 딸이 일찍 죽었다고 한다. 중국 관청의 공무원으로 일하고 있었다.

* 최동호 선생 (1940. 9. 4)
만주에서부터 독립운동을 하다가 중일전쟁 후, 임정에 합류했다. 광복 후, 북쪽으로
가 버렸다.

* 최형록 (1940. 11. 29)
숭의 여학교를 졸업한 이로, 조소앙 선생의 둘째 부인이다.

* 조계림 (1940. 11. 29)
최형록과 조소앙 선생 사이의 딸.

* 이청천 장군 (1940. 11. 29)
본명은 지청천. 괄괄하고 급한 성격에 키 크고 체격 좋은 실로 무장의 모습이었다. 아
들 둘에 딸 둘을 둔 그는 술을 좋아하고, 자신과는 딴판으로 자그마한 키의 나이 든 그
의 부인에게 늘 호령을 하곤 해서 집 안에 쩌렁쩌렁한 목소리를 울리곤 했다.

* 김윤택 (1941. 2. 8)
엄마와는 고등학교와 이화여전 동창으로 당시 이대 동대문 병원 원장이었던 미스 블
락의 소개로 북경대 의예과에 유학 왔다가 중국 사람과 결혼 후, 학교를 그만뒀다. 그
후, 중국 '성도'에 있는 유니언칼리지에서 영어와 불어를 가르치며 당시 중국에서도
엘리트 계층으로 자리 잡고 있었다.

* 도산 안창호 선생 (1942, 3. 10)
나에게는 스승이요, 정신적인 지주로 존경하는 분이었다.

* 최창석 (1943. 4. 26)
최용덕이라고도 불렸었다. 양순하고 착하신 분. 군인이고, 다리를 절었다. 부인이 무
척 미인이었다. 하지만 중국 여성이라 해방 후, 슬하에 하나뿐인 딸과 함께 대만으로

보내고, 최용덕 선생 혼자서 본국으로 귀국한 것으로 안다.

* 신익희 선생 (1943. 4. 26)
와세다 대학 정경학부(政經學部)를 나온 엘리트로 체격에 맞게 점잖은 분이셨다. 딸 하나, 아들 하나를 두셨다.

일기와 함께 할아버지 '양우조'의 유물 가방 속에 들어 있는 것

– 미주 한교 역사
– 하와이 한인학생연합회
– 독립운동사 권두사 (사회당 수석 조소앙 구술)
– 한국독립당 당헌
– 한국독립당 제5차 임시대표대회 선언 (대한민국 29년 9월 5일)
– 국민공보 호외 (34년 8월 10일 8시 – '일본 무조건 투항')
– 한국독립선언 제25주년 3·1절 기념대회 선언 (한국 임시 정부 선전위원회)
– 한국독립선언 23주년 3·1절 기념 특간
– 3·1혁명 제26주년 기념선언
– 3·1혁명 제25주년 기념선언
– 한국 독립운동에 관한 개황 (양우조)
– 독립신문 1943년 중경판 창간호, 2, 3, 5, 6, 7호
– 독립평론 1944년 3.1/5.1/8.12일자
– 한민 (한국독립당 선전부 발행)
– 앞길

〈영문 서류〉
– Japan's colonial policies over Korea

- Inaugural Declaration of the Korean Independence Party
- The motive for organizing the Chosun Youngmen's Party
- Recognition of Korean Provisional Government Advocated
- United Nation Day and Korea
- 김구, a short biography
- Short History of the War
- Our dear American Friends (김구 선생이 쓴 것으로 되어 있음)
- Unity of the Youth is the First Step of National Unity